새 번역 성경에 기초한

인간의 상처를 치유하시고 구원하시는 하느님

YOUR WOUNDS I WILL HEAL: PRAYER FOR INNER HEALING

로버트 훼리시 · 루시 루니 지음
박 홍 · 박삼근 옮김

소개말 박 홍 S.J.
조지 멀로니 S.J.

서강대학교 출판부

YOUR WOUNDS I WILL HEAL:
PRAYING FOR INNER HEALING

BY ROBERT FARICY, S.J.
AND LUCY ROONEY, SNDdeN

Translated by Luke Hong Park, S.J. and Sam Keun Park

“‘너의 상처는 고칠 수 없고
너의 부상은 심하다.
네 종기에 치료약이 없고
너에게 새살이 돋지 않으리라.

(예레 30:12-13)

어찌하여 네가 다쳤다고
네 상처가 아물지 않는다고 소리치느냐?
네 죄악이 많고 허물이 커서
내가 이런 벌을 너에게 내린 것이다.’

(예레 30:15)

‘나는 너희를 낫게 하는 주님이다.’

(탈출 15:26)

‘참으로 내가 너에게 건강을 되돌려 주고
너의 상처를 고쳐 주리라.’
주님의 말씀이다.”

(예레 30:17)

소개말

한국어판 출간을 기뻐하며

"나는 너희를 낫게 하는 주님이다." (탈출 15:26)

"'참으로 내가 너에게 건강을 되돌려 주고 너의 상처를 고쳐 주리라.'
주님의 말씀이다."

(예레 30:17)

"딸아, 용기를 내어라. 네 믿음이 너를 구원하였다."

(마태 9:22)

창조주요 구원자이신 하느님께서 예언자들을 통하여 말씀하신 바와 같이, 인간의 죄와 죄의 뿌리인 상처들을 치유하시고 구원하시기 위해, 인간이 되셔서 인간 속에 오신 예수님께서는 몸소 우리의 허약함을 맡아주시고 우리의 병고를 짊어지셨습니다(마태 8:8, 이사 53:3-5, 12). 치유를 갈망하고 구원을 갈망하는 사람들에게 예수께서는, "안심하시오. 당신의 믿음이 당신을 낫게 하였소"(마태 9:22). "가거라, 네가 믿은 대로 될 것이다."(마태 8:13)라고 말씀하시며 확신에 찬 믿음을 가지도록 격려하십니다. 또한 그분은 그들의 믿음을 보시고 중풍병 환자에게 "얘야 너는 죄를 용서 받았다"하고 말씀하셨습니다(마르 2:5).

이에 신앙인은, "하느님의 어린양, 세상의 죄를 없애시는 주님, 저희에게 자비와 평화를 주소서. 주님, 제 마음에 오시기에 부당하오나, 한 말씀만 하소서. 제가 곧 나으리다"하고 기도합니다. 거룩한 성체를 받아 모시고, 이 구원의 능력과 신비를 주님께서 오실 때까지(재림), 우리는 주님의 죽으심(십자가의 이중역설의 진리)과 부활하심(생명을 주시는 영적 몸으로 되신, 1코린 15:45)을 선포하나이다 하고 선포의 기도를 바칩니다. 그리고 우리 인간을 사랑하시고 용서하시고 완성하시는 주 하느님을 찬미하고 감사하는 것이 바로 구원임을, 미사 때마다 기도를 바칩니다.

이렇게 인간을 치유하시고 생명을 주시고 구원하시는 주님을 세례성사를 통하여 우리 심중에 영접하고(묵시 3:20), 일상생활 속에서 주님의 능력과 성령님의 감도(inspiration)를 받아, 내가 복음화(evangelization)되면서 가정 사회 세상을 복음화하는 신앙생활은 축복이며 기쁨의 생활입니다.

복음화(기쁜 소식)는 두 방향의 운동으로 이해할 수 있습니다. 하느님의 생명이 예수님을 통하여 성령의 능력으로 우리 속으로 들어오는 '내면화 운동'은 우리 속에 오시는 주님께서 우리를 치유하시고 새롭게 하시는 것을 말하며, 누구든지 그리스도를 믿으면 새 인간이 됩니다(1고린 15:17). 이에 반해 '외면화 운동'은 새롭게 된 인간 속에서 밖으로 나가는 운동을 말합니다. 이와 같이 양 방향의 복음화 운동은, 상상 생각 말 행동을 통해서 불신을 신뢰로, 어두움을 빛으로, 악을 선으로, 분쟁을 화해로, 전쟁을 평화로, 미움을 사랑으로 변화시키고 또한 평화를 심는 자(peace-maker)로 변화시킵니다. 이것이 가능한 것은 하느님(성부, 성자, 성령)의 능력 때문이라는 것을 신앙의 진리는 가르쳐주고 있습니다. 하느님의 능력으로 이 복음화가 실현될 때, 우리는 서로 믿고 신뢰하고 사랑하는 새 사람이 되어 사랑의 문화 신뢰의 문화 생명의 문화로 변화시키는 '평화를 심는 자'가 되고, 믿고 신뢰하고 사랑하는 '생명의 문화를 만드는 자'가 됩니다(마태 5:10).

현대인은 말합니다. 위에서 언급한 이러한 새로운 행동양식과 존재양식이 매우 좋긴 하지만 인간의 능력으로 어떻게 가능하겠는가 하고 의심하며 단지 꿈일 따름이라고 말합니다. 그러나 이것이 가능한 이유는, 인간을 귀하게 여기시고 사랑하시고 고치시고 새롭게 하시고 축복하시고 구원하시는 하느님의 능력 때문에 가능하다는 것을, 신앙의 진리와 성서의 진리는 가르쳐주고 있습니다. 세상 안에 있는 교회는 오랜 세월과 문화를 통하여 이 구원의 진리를 줄곧 깨닫고 실천하도록 가르치고 있습니다.

훼리시 신부님과 루니 수녀님의 『인간의 상처를 치유하시고 구원하시는 하느님』*Your Wounds I Will Heal–Prayer for Inner Healing*이 한국어로 번역되어 매우 기쁘게 생각합니다. 지구물리학 박사인 박삼근(가스팔) 형제가 심혈을 기울여 번역하였고, 제가 신학·영성 용어들을 잘 표현하도록 조언을 해주었습니다. 저의 은사이신 훼리시 신부님은 그레고리안 대학의 영성신학 교수로 봉직 하시면서, 구원의 진리를 현대인들의 마음 깊숙이 심고, 현대인들의 방황하는 마음을 주님께로 인도하시고, 이론과 실천을 올바르게 접합 시키고, 실천적 영적성장과 이해를 돕는 세계적인 분이십니다. 훼리시 신부님은 『한과 예수–예수의 한풀이와 내적치유』*Prayer for Inner Healing*(편저중)과 『관상과 식별』*Seeking Jesus in Contemplation and Discernment*을 포함하여, 각자 또는 공동으로 저술하신 기도·영성 분야의 책이 서른 권에 달합니다.

이 책은 한국인들 특히, 사목자 평신도 수도자 개인 가정공동체 교회공동체에 크게 도움이 될 것으로 확신합니다. 또한 의료보건 분야의 일선에서 종사하는 분들–특히 의사, 정신과의사, 심리치료전문가–과 그들의 보살핌을 받는 모든 환자들에게는 치유기도의 힘이 더욱 크게 발휘될 것입니다. 성령님의 감도로 열린 제2차 바티칸공의회는, 세례를 받고 이 세상

속에서 살아가는 신앙인들이 겪는 괴리들 – 신앙과 사회생활 간의 괴리와, 기도와 생활 간의 괴리 등 – 의 원인을 새롭게 지적하고 극복하는 길을 제시하고 있습니다. 독자들이 이 책을 읽고 이 책에 따라 묵상하고 기도드림으로써, 일상생활에서 겪는 괴리의 이중성(dichotomy) – 물질과 정신, 몸과 영혼, 현세와 영원한 세계, 은총과 자유 사이의 갈등 – 을 깨닫도록 도와주며 나아가 올바르고 건전하게 통합하도록 도와줍니다. 훼리시 신부님은 현대인들에게 정통적인 신앙의 진리와 성서의 진리를 성찰을 통해 올바르게 일치시키고 통합할 수 있도록 도와주고 나아가 신앙의 진리를 바탕으로 한 기도가 얼마나 좋은 건지를 깨닫게 해주십니다. 신학적인 표현을 빌린다면, 부정적 영성(negative spirituality)과 도피적 영성(escaping spirituality)과 억압적 영성(depressive spirituality)에서 복음적 영성(evangelical spirituality)과 사랑의 영성(spirituality of Love)과 통합의 영성(spirituality of integration)으로 우리를 인도하는 길잡이와 영적 풍향계의 역할을 해줍니다. 또한 무질서한 애착(disordered attachment)과 존재론적 상처로 닫혀있는 우리 인간들의 마음을 하느님과 이웃을 향하여 열고, 적극적이고 복음적이고 인간적이며 하느님적인 그리스도교의 참 영성으로 인도해주는 길잡이가 될 것입니다.

가치불확실성시대 문화충돌시대 갈등의 시대를 살고있는 현대인들에게 "모든 것을 합하여 선으로 인도하시는 하느님"(로마 8:28)을 마음에 영접하고, 돌아가시고 부활하시고 사람과 만물을 새롭게 하시며, 인간의 병과 상처와 한(恨)을 치유하시고, 생명과 구원을 주시는 하느님을 느끼고 체험하는 은총을, 우리 인간도 성모님처럼 가득히 경험하게 될 것을, 믿고 확신하고 희망하는 바입니다.

주전자에 물을 담으면 물주전자가 되고 술을 담으면 술주전자가 되듯이, 우리 마음에 주님을 영접하면 주님의 마음 은총의 마음이 되고, 모든 것 안에서 하느님을 발견하고 하느님의 창조와 구원의 동업자로 참여하는 신앙인이 됩니다. 우리 인간의 마음은 원래 '하느님의 집'임을 우리 모두 잊지 말기를 바랍니다. 모든 독자들에게 하느님께서 특별한 축복과 성령님의 열매로 가득 채워주시고 흘러가게 해주시기를 빌며, 또한 여러분의 가정공동체와 교회공동체에 치유와 구원의 은사가 가득차고 넘쳐흐르기를 기원 드립니다.

주님 안에서,

박 홍 신부(루카, 예수회, 영성신학 박사)

2007년 9월 순교자 성월

소개말

이 글을 읽는 사람이라면 누구라도 육체적·정신적 또는 영적 기능을 잃고 절망과 실의에 빠지거나 상심해 본적이 없다고 말할 사람은 없을 것입니다. 이 자체가 때와 그 정도는 달리하지만 우리의 삶 안에서 누구나 절망하고 상심하며 살아가고 있음을 말합니다. 우리 모두가 하루하루 자신의 존재가 지구상에서 완전히 소멸되는 그 순간에 다가감에 따라 육체적 쇠진의 정도가 점차 더해 감을 볼 수 있습니다.

그러나 우리의 영적 세계 안에서 어떤 절망이나 상심한 상태를 발견할 수 있습니까! 우리를 밤낮으로 끊임없이 잔인하게 괴롭히는 그 두려움을 과연 어떻게 이해해야 할까요! 의심 분노 우울 증오 그리고 무자비 등은 거대한 불타는 화산과도 같이 우리 마음속에 항상 들끓고 있습니다. 이 화산은 약간만 건드려도 잔인한 행동과 공격적인 말로 용암과 같이 분출하거나 발작적인 고립의 상태로 몰아갑니다.

그리고는 공포의 암흑과도 같은 영적 세계를 맞게 됩니다. 우리는 하느님의 얼굴을 다시 보기위해 울부짖습니다. 그러나 주위는 여전히 암흑 뿐입니다! 하느님께서 존재하지 않은 것 같이 생각될 뿐 아니라 그분에 대한 모든 믿음마저도 사라진 것 같을 것입니다. 이 얼마나 불경한 생각이 우리를 지배하고 있습니까! 나는 내 삶의 깊은 속으로 빠져들기를 강요 받고 있습니다. 그렇다면, 하느님께서 실제로 존재하신다는 사실을 어떻게 알 수 있을까요? 예수께서 진정한 하느님의 아들이며 예수님이 우리를 돕기 위해 오신다는 것을 어떻게 알 수 있을까요?

이 모든 상황 안에서 우리는 어리석고 완전히 무의미한 자신으로부터 헤어날 수 있는 길을 찾을 수 있기를 희망하고 간청하며 실의에 빠져 상심한 상태로 웅크리고 있습니다. 하느님께서 진정 나를 사랑하시는 걸까요? 그분께서는 나의 기도를 들어주시고 나를 새로운 창조사업으로 인도하실까요?

치유하시는 구원자

진정한 그리스도인에게 예수 그리스도께서는 절망과 실의에 찬 세상을 치유로 인도하시는 길(Way)입니다. 그분께서 우리에게 생명을 주시려고 우리 가운데 오셨기에 우리는 그 생명을 더욱 풍성하게 받을 수 있었습니다(요한 10:10).

예수께서는 모든 피조물 가운데 우리와 같은 인간이 되시어 우리를 죄로부터 구원하시고자, 당신 자신이 거룩한 말씀(Divine Word)이 되시어 절망과 실의에 차있는 우리 인간의 상황 안으로 오셨습니다(히브 4:15). 그분은 우리와 꼭 같은 인간이 되시고, 또한 나아가 사랑의 성령 안에서 항상 하늘에 계신 아버지의 모습으로 계십니다(골로 1:15).

예수님을 통하여 우리들에게 자명하게 드러내신 이 사랑의 성령은, 우리들 각자에게 하느님 아버지의 무한한 사랑을 체험하도록 해주십니다. 평생동안 이 땅에 사시면서 그렇게 하셨듯이, 바로 이 순간에도 부활하신 주님이신 예수님은 죄와 죽음으로부터 아직도 해방되지 못한 우리 모두를 위하여 사랑과 자비심으로 차 계신 분이십니다. 우리는 먼저, 예수께서는 아직도 살아 계시고 그분의 지체인 교회 안에 살고 계심을 믿어야 합니다. 부활하신 주님이자 구원자이신 그분은 교회를 통하여 복음의 말씀과 성사 안에서 진정으로 만나뵐 수 있습니다. 우리는 자기 중심적인 우리 자신이 아닌 예수님을 우리의 욕망과 가치의 중심에 둠으로써 그분에게 완전히 봉헌해야 합니다.

우리는 남을 용서해야 하고 주님께서 내리신 계명, 특히 주께서 우리를 사랑하시는 것과 같이 이웃을 서로 사랑하라는 계명을 지켜야 합니다. 우리가 더욱 위대하고 완전한 인간으로 성장해 감에 따라, 그리스도님 또한 우리를 통하여 일상 생활의 구체적인 인간적인 조건에서 우리가 만나는 인간에게 치유를 베푸실 것입니다.

저는 훼리시 신부님과 루니 수녀님이 가장 최근에 발간하신 이 책을 진심으로 여러분에게 권해드립니다. 『인간의 상처를 치유하시고 구원하시는 하느님』*Your Wounds I Will Heal: Praying for Inner Healing*은,『내적치유를 위한 기도』*Praying for Inner Healing*라는 제목으로 20년 전 바울로 출판사(Paulist Press)에 의해 처음 출판되었습니다. 본 개정판은 본인으로 하여금 두 분의 저자가 수록한 풍성한 내용에 매료되기에 충분했습니다.

저자는 각 장에서 신·구약 성서의 관련 구절에 대한 개관과 해설로 시작함으로써, 매우 뛰어나고 완벽하게 그리스도인의 치유에 대하여 설명하고 있습니다. 이 책에서 제가 특히 매료된 것은 치유의 사목을 담당하는 사람과 치유를 필요로 하는 분을 위한 기도를 강조한 점입니다.

저자는 치유기도를 위한 실용적인 방법을 제시하기 위하여 상당한 내용의 현대 심리학을 적용함으로써, 제2차 바티칸 공의회의 "현대 세계의 사목 헌장"에서 강조한, 그리스도적이고 또한 심리학적인 교회의 가르침을 보완하는 역할을 하고 있습니다. 이 책은 삼위일체이신 하느님의 권능을 통하여 치유를 추구하는 모든 분들에게 자기 계발의 기회를 부여하고 드높은 자신감을 심어줄 것입니다. 또한 이미 치유를 위한 사목의 현장에 몸담고 계신 분들에게는 지식이 되고 격려가 되어, 그리스도님의 지체인 교회에 건강을 불어넣고 더욱 훌륭한 삶을 가져다 줄 것입니다.

조지 멀로니(George A. Maloney, S.J.)

(2003년 하느님의 품으로 가심)

차례

서문

먼저 독자에게 일러둡니다. 이 책은 우리 각자가 자신의 내적치유를 위하여 기도하는데 도움이 되어드리고자 20년 전에 저술한 『내적치유를 위한 기도』*Praying for Inner Healing*의 개정 판입니다. 이 책은 상당한 분량의 성서와 신학 내용을 참고하고 있습니다. 이는 본 뜻을 전혀 약화시키지 않으면서 성찰과 기도에 필요한 양식을 제공하는데 실용적인 길잡이가 되도록 하기위해서 입니다.

> "아버지께서 당신의 풍성한 영광에 따라 성령을 통하여 여러분의 내적 인간이 당신 힘으로 굳세어지게…하시기를 빕니다."
>
> (에페 3:16)

많은 사람들은 보다 즐겁게 살고 주님에게 보다 효과적으로 봉사하기 위하여, 우리의 내적 자아와 내적치유에 관한 깊은 탐구를 하게 되고 또한 치유를 위한 기도를 요청하게 됩니다. 그래서 우리는 Resurrection 출판사의 에밀 세러(Emile Cerar)씨와 협조하여 『내적치유를 위한 기도』의 내용을 새롭게 단장하고 분량도 늘리기로 결정하였습니다. 왜냐하면 주님은 오늘 바로 이 순간에도 치유를 통하여 당신의 원하심을 충만케 하시며 이에,

> "하느님께서는 이미 그리스도께 희망을 둔 우리가 당신의 영광을 찬

양하는 사람이 되게 하셨습니다."

(에페 1:12)

"시온에서 슬퍼하는 이들에게
재 대신 화관을
슬픔 대신 기쁨의 기름을
맥 풀린 넋 대신 축제의 옷을 주게 하셨다."

(이사 61:3)

내적치유를 위한 기도는 과연 효과가 있을까요? 기도의 힘은 과연 강력한 것일까요? 그렇습니다. 기도의 힘은 강력합니다. 그것은 기도 자체에 힘이 있어서가 아니라 주님께서 우리들 각자 바로 여러분과 저를 사랑하시기 때문이며 그분의 사랑 안에 우리를 치유하는 힘이 있기 때문입니다. 여러분이 그분에게 빵을 주시도록 요청하는데 그분께서 돌을 주시지 않을 것입니다. 여러분이 주님에게 내적치유를 요청할 때 그분께서 아무 도움도 주시지 않을 거라고 진정 그렇게 생각하실 분이 계실까요?

왜 그분께서는 여러분을 경청하시고, 여러분의 기도에 응답하시고, 여러분이 원할 때 그분께서 치유해 주실까요? 왜냐하면 주님은 여러분이 이미 누구인지를 알고 계시기 때문에 여러분 각자의 이름을 부르시며, 여러분의 마음 속 깊이까지 헤아리시고 또한 여러분을 사랑하시기 때문입니다. 그분은 여러분의 자질에 관계없이 그리고 어떠한 조건도 요구하지 않으시고, 여러분을 무조건 사랑하십니다. 그분은, "내가 너를 치유하고 나면 너를 더욱 사랑하겠다"고 말씀하시거나 "너의 품행이 나아지면 내가 너를 더 사랑하겠다"라고 말씀하시지 않습니다. 그분께서는 여러분에게 언짢은 표정으로 손가락질하며 조건을 따지시거나 조종하려 들지 않으십니다. 그분은 바로 이 순간에도 여러분을 최대한 사랑하고 계십니다. 그분은 여러분을 도울 수만 있다면 그 무엇도 하실 것입니다.

내적치유를 위한 기도는 기교가 아닙니다. 그 어떤 숙련된 기술이나 요령으로 되는 것이 아닙니다. 기도는 심리적인 기술이나 방법이 아닙니다. 단지 기도일 뿐입니다.

내적치유 기도는 다른 어떠한 기도와 마찬가지로, 기교와는 정반대 되는 의미를 갖습니다. 마술은 기교, 즉 일종의 심령기술 입니다. 마술은 하느님을 조종하려는 것, 즉 어떻게 해서라도 그분께서 내가 원하는 대로 하시도록 만들어 보려고 하는 것입니다. 마술은 하느님에게는 통하지 않습니다. 그분은 조종되지 않습니다.

우리가 어린이와 같이 겸손한 자세로 그분께로 다가갈 때 내적치유 기도는 효과가 있습니다. 그분께서는 우리를 사랑하시기 때문에 우리의 요구를 거절하지 못하십니다.

우리는 내적치유를 위해 자기에게 맞는 책이나 기교 그리고 최선의 방법 같은 것을 찾습니다. 어떤 심령기술이나 연수과정 같은 것을 찾아 보기도 합니다. 어떤 방법을 택하든 주님은 항상 거기에 계십니다. 바로 지금 이 자리에 말입니다. 우리에게 도움을 주시기 위해 항상 준비하고 계시며 또한 원하십니다. 우리는 그분을 향해서 울부짖으며 치유해주시도록 청하기만 하면 됩니다.

그러면 내적치유를 위해 어떻게 기도를 해야 할까요? 내가 할 수 있는 어떠한 방법도 좋습니다. 그러나 분명히 알아야 할 것은, 우리를 치유하시는 분은 하느님이지 우리 자신이나 우리의 기도가 아니라는 점입니다.

마지막으로, 내적치유 기도에 관한 많은 가르침을 주신 분들에게 감사드리고 싶습니다. 특히 마가렛 트레이시 수녀님(Sr. Margaret Tracey)과 아이린 케네디(Eileen Kennedy), 다이애너 빌리거스(Diana Villegas),

프랜시스 맥넡(Francis McNutt), 데니스 햄(Dennis Hamm), 그리고 마태오와 데니스 린(Mathew and Dennis Linn) 형제에게 심심한 감사를 드립니다.

루시 루니(Lucy Rooney, SND de N)
로버트 훼리시(Robert Faricy, S.J.)

런던과 로마에서
1998년 성령 강림 대축일

제 1 부

내적치유

Inner Healing

제 1 장

치유받기 위해 기도함

최근 들어, 기도에 대한 응답으로 나타나는 치유에 대한 관심이 크게 증대되어 왔습니다. 전통적으로 우리 그리스도인들이 가지고 있던 기도의 능력에 대한 믿음 외에도, 다른 요소들이 이러한 경향에 작용하고 있습니다. 특히 성령 쇄신을 통하여 다양한 치유가 빈번히 일어나고 있으며, 치유성사에 의한 쇄신, 즉 고해성사와 병자성사 그리고 성체성사 등이 이들 요소에 속합니다. 이 단원에서는 성서와 그리스도인들의 생활 안에서의 치유기도에 대한 기본적인 내용을 약술하고, 특히 내적치유를 위한 기도에 대하여 설명하고자 합니다.

신약성서에 기록된 치유의 예

복음서에 치유에 관한 내용이 전체의 20퍼센트를 차지합니다(루카 복음의 경우 1/3을 차지). 예수님의 직책은 말씀을 가르치시는 일 뿐만 아니라 인간을 치유하시는 일까지도 포함합니다. 사실 예수님 당신 자신의 포괄적인 자아상에는 치유자가 되기 위한 계획을 포함하고 있습니다. 나자렛에 있는 회당에서 그분께서는 이사야서 61장의 1-2절을 당신 자신에게 적용하여 다음과 같이 말씀하십니다:

"주님께서 나에게 기름을 부어 주시니
주님의 영이 내 위에 내리셨다.
주님께서 나를 보내시어
가난한 이들에게 기쁜 소식을 전하고
잡혀간 이들에게 해방을 선포하며
눈먼 이들을 다시 보게 하고
억압 받는 이들을 해방시켜 내보내며
주님의 은혜로운 해를 선포하게 하셨다."

(루카 4:18-19)

요한의 제자들이 예수님에게 다가와서 선생님은 누구시냐 고 물었을 때, 그들은 예수께서 질병과 고통과 마귀에 시달리는 많은 사람들을 고쳐주시고 또한 많은 소경들의 눈을 뜨게 해주시는 것을 알게 됩니다. 그때 예수께서는 그들에게 이렇게 대답하십니다:

"요한에게 가서 너희가 보고 들은 것을 전하여라. 눈먼 이들이 보고 다리 저는 이들이 제대로 걸으며, 나병 환자들이 깨끗해지고 귀먹은 이들이 들으며, 죽은 이들이 되살아나고 가난한 이들이 복음을 듣는다."

(루카 7:22)

예수님의 치유는, 하느님의 왕국이 그분 안에 현존한다는 사실에 대한 징표 즉 시대의 징표입니다. 다가올 왕국은 예수님의 공생활 안에 벌써 와 있었습니다. 이는, 하느님께서 당신의 왕국이 도래할 때 부어주실 당신의 성령 즉 "마지막 날"의 성령의 능력 안에서 예수님이 활동하신다는 사실로부터 명백해집니다.

"나는 모든 사람에게 내 영을 부어 주리라.
그리하여 너희 아들딸들은 예언을 하고
노인들은 꿈을 꾸며
젊은이들은 환시를 보리라.
그날에 남종들과 여종들에게도 내 영을 부어 주리라."

(요엘 3:1-2)

아마도 과거에는 복음서에 나오는 치유를, 우리의 이해를 돕기 위해 나타내보인 것으로 생각했기 때문에 우리는 그 의미를 완전히 이해하지 못했습니다. 예수께서 행하신 치유를, 그분의 신성과 그분이 바로 메시아임을 설명하고 나아가 그것을 증명하기위한 것으로 주로 보았기 때문입니다. 그리고 복음에서는 예수께서 행하신 치유가 "기적"인 면을 강조하지 않습니다(실제는 기적이지만). 대신 하느님께서 우리를 구원하기 위해 오셨다는 점을 강조합니다. 하느님의 구원의 능력은 우리를 치유하고 구원하기 위해, 예수님 안에 현존합니다. 예수께서 행하시는 치유는 우리를 구원하시고자 행하신 전능하신 사업의 일부이며 또한 그것을 계시하는 것입니다.

복음에 나타난 치유가 모두 육체적인 치유는 아닙니다. 일부는 영적치유에 속합니다. 예수께서 죄를 사해주시고 때로는 죄인들의 삶을 변화시키기 위해 그들을 안내하신 사례는 영적치유에 속합니다. 또 어떤 경우에는 심리적 치유도 행하신 것 같습니다. 예수께서 행하신 많은 구마(exorcisms)에서, 예수님의 영적인 힘이 '하느님에게 항거하는 모든 영들'에 대립하여 나타나고 있으며, 어떤 행위는 구마행위라기 보다 실제로는 정서적 치유나 심리적 치유인 것 같아보입니다. 복음이 완성될 무렵의 사람들은 아직 정신질환을 인간 행동의 범주로 생각하지 못했었습니다. 정신질환과 심각한 신경증을 일반적으로 악마의 세력과 결부시키는 것을 당연하게 여겼으며, 그러한 병들의 원인을 불결하고 악한 영의 탓으로 돌렸습니다. 그래서 구마로 여겨졌던 치유중의 일부는 실제로 정신적인 치유였을 것 같습니다.

예수께서 행하신 모든 치유는 그분의 자비심의 결실입니다. 예수님의 자비로우심 – 그분의 인품 가운데 가장 두드러진 특성이자(그 당시와 마찬가지로 지금도) 치유를 베푸신 동기가 되었던 – 은 그분의 가르침 속에 강하게 나타나 있습니다. 그분은, 간음하다 잡혀온 여인이나 침대에 누워있는 중풍환자, 세 번이나 배신한 베드로와 같은 죄인을 용서하실 뿐 아니라, 또한 용서할 것을 가르치십니다. 특히 그분께서는 죄인에 대한 하느님의 자비심을 설교하고 계시는데, 몇몇 비유에서는 하느님의 거룩한 자비심이 가장 중요한 핵심을 이루고 있습니다. 예수께서 비유를 통해 말씀하시는 하느님은, 그분을 필요로 하고 용서를 청하는 자를 찾고 계시는 분이십니다: 목자는 잃어 버린 양을 찾으며(루카 15:4), 여인은 잃어버린 동전 한 잎을 찾기 위해 등불을 켜 들고 온 집안을 뒤질 것이며(루카 15:8), 아버지는 그의 아들이 돌아 오기를 기다리며 길에 나와 있다가 마침내 저 멀리서 돌아오고 있는 아들을 반가이 맞아들입니다(루카 15:20). 방탕한 아들의 비유는 아들에 대한 이야기인 이상으로, 자비와 용서와 선함을 아낌없이 베푸는, 관대한 아버지에 대한 이야기입니다.[1] 누가 그러한 비유를 고안해

낼 수 있겠습니까? 그분의 자비와 사랑이 너무나 컸던 관계로, 예루살렘에 입성하시는 예수님에게 사람들은 겉옷을 벗어 펼쳐놓고 나뭇가지를 흔들고 던지며, 이스라엘의 지도자들로부터 비난을 받을 정도로 열렬히 환영하지 않았습니까. 예수님은 하느님의 표상이시기 때문에 예수께서 사람들을 대하실 때 하느님의 자비하심이 그대로 드러납니다. 예수께서 식탁에서 창녀들과 세금 징수원들에게 행하신 권한 속에서 특별히 그분의 자비를 엿볼 수 있습니다. 예수께서 취하신 행위에 대하여 사람들이 비난을 가하자 예수께서는 다음과 같이 답하십니다:

> "건강한 이들에게는 의사가 필요하지 않으나 병든 이들에게는 필요하다. 나는 의인이 아니라 죄인을 부르러 왔다."
>
> (마르 2:17)

죄인들과 함께 음식을 나누는 일도 그분께서 행하신 치유의 일부분이며, 그분께서는 자신을 의사 즉 병을 고치는 사람으로 생각하십니다.

예수님의 자비로운 사랑에는 준엄하고 단호한 힘이 있는데, 몇몇 비유의 말씀 속에서 그분의 자비와 사랑이 얼마나 철저한가를 알 수 있습니다. 하늘 나라는 마치 들판에 묻혀있는 보물과도 같아서 그 보물을 찾기 위해서 자신의 재물을 모두 팔아 그 땅을 산다는 비유와, 어느 상인이 소유하고 있는 모든 진주들을 다 팔아서라도 얻고 싶은 한 알의 값진 진주와도 같다 고 하신 비유의 가르침에서, 우리는 하늘나라에 대한 예수님 당신의 심정을 알 수 있습니다. 예수께서는 우리 각자의 마음 안에 그 왕국을 심어주기 위해 오셨으며, "보라 하느님의 나라는 너희 가운데에 있다(루카 17:21)"고

---

1 역주:원문에서 저자는 *prodigal*이란 단어를 아들(prodigal son)의 경우 '낭비하는' '방탕한'의 뜻으로 사용한 반면, 아버지(prodigal father)의 경우는 자비와 용서와 선함을 '아낌없이 베푸는' 의 뜻으로 사용하였음

하신 말씀과 같이, 어떤 의미에서는 우리들 각자가 그분께서 구하시는 왕국인 것입니다. 그래서 예수님에게 우리들 각자는 들판에 숨겨진 값진 보물이기에 "…그리스도의 고귀한 피로 그리 된 것입니다."(1베드 1:19)

예수님의 제자들도 그분의 치유사업을 계승하였습니다(루카 9:1-2, 9:11; 10:8-9). 그래서 우리는 예수님께서 승계하신 치유사업이 그분의 분신인 사도의 수만큼 "배가되었다"고 말할 수 있으며, 그분의 치유능력이 제자들을 통하여 더욱 확산되어 발휘되고 있습니다. 사도행전에서 치유는 교회의 제반 직무 중에서도 중요한 부분을 차지하고 있습니다. 베드로는 예수님의 이름으로, '아름다운 문'이라고 불리는 성전 문 곁에 앉아있는 태어날 때부터 앉은뱅이였던 사람을 고쳐주었으며(사도 3:6-7), 바울로도 리스트라에서 앉은뱅이를 걷게 해주었습니다(사도 14:10). 사람들은 병자들을 길거리로 데리고 나가 베드로가 지나갈 때 그의 그림자 만이라도 그들에게 스쳐 가주기를 원합니다(사도 5:15). 그리고 바오로의 몸에 닿은 손수건과 앞치마를 병자들에게 가져가자 그들의 병이 낳기도 하였습니다. 몰타 인들이 바오로에게 찾아와 낫게 되었듯이, 많은 사람들이 치유받기 위해 베드로에게 몰려갔습니다(사도 5:16). 이질(사도 28:8)과 만성중풍(사도 9:34) 등 다양한 종류의 질병과, 심지어는 죽은 자를 다시 살리는(사도 9:40; 20:10) 치유도 행하였습니다. 이러한 치유사업은 스테파노와 필립보 그리고 다마스커스의 아나니아스를 통해서도 일어났으나, 베드로와 바오로를 통하여 일어난 치유가 가장 중요합니다. 왜냐하면 그들은 교회 전체를 대표하는 동시에, 예수께서 그분의 교회를 통해서 우리를 치유하신다는 것을 가르치기 때문입니다.

오늘 날 그리스도인의 치유[2]

그리스도께서 약속하신 바에 의하면:

"믿는 이들에게는 표징이 따를 것인데...

병자에게 손을 얹으면 병이 나을 것이다."

(마르 16:17-18)

"내가 진실로 진실로 너희에게 말한다. 나를 믿는 사람은 내가 하는 일을 할 뿐만 아니라 그보다 더 큰 일도 하게 될 것이다. 내가 아버지께 가기 때문이다."

(요한 14:12-13)

기도에 대한 응답으로 치유는 계속해서 일어나고 있습니다. 오늘날 치유는 매우 빈번하게 일어나고 있으며 그것은 분명히 '우리 시대의 한 징표(a sign of our times)'를 이루고 있습니다. 물론 전통적으로 그리스도인들은 하느님의 자비로운 중재의 힘으로 이루어지는 치유를 항상 믿어왔습니다. 수 세기에 걸쳐 내려오면서 성인들은 놀라운 기적의 치유를 행하였고, 또한 그리스도인들이 병자들을 위해 믿음을 가지고 기도 드리는 것은 신앙생활의 일부가 되어 왔습니다. 그리고 과다루뻬나 루르드, 파띠마 등과 같은 놀라운 기적의 치유가 일어난 성지가 생겨났습니다. 특히 오늘날, 성령쇄신과 병자성사의 쇄신에 의하여 성령의 치유능력이 아마도 초대 그리스도 교회 이후 그 어느 때보다 활기 넘치고 있는 것 같습니다.

고백성사는 영적치유 성사입니다. 영적치유는 하느님으로부터 죄의 사

---

2 치유 일반에 관한 참고 도서는 뒤편에 있는 목록을 참고할 것

함을 받고 보다 그리스도인 다운 삶을 살리라 결심하는데 있으며, 용서를 받고 동시에 더 선한 삶을 살게 되는 이중은사(double grace)는 하나의 영적치유입니다. 때때로 고해성사 중에 넘쳐흐르는 은사는, 영적으로 뿐만 아니라 죄의 습관이 되는 심리적 근원까지도 치유하는 방법으로 변화시키는데, 우리는 이러한 경우를 심리적 치유라 할 수 있습니다. 대부분의 고해자들은 참회를 하는 동안 영적인 단계 뿐 아니라 이와 같은 정서적 치유까지도 체험해왔습니다. 고해성사를 통한 쇄신은 영적·심리적 치유의 일면임을 부각시켜 왔습니다. 왜냐하면 죄는 보통 행동으로 나오기 이전에 먼저 마음 속에 자리잡기 시작하기 때문에, 먼저 그 마음의 치유와 사함이 필요하기 때문입니다. 따라서 고해성사를 준비하는 과정에 고백하려고 하는 죄의 뿌리를 치유해주시도록 하느님에게 기도하는 것은 당연한 것입니다. 우리는 분노, 자만, 사랑의 부족, 그리고 우리 죄의 중심에 자리잡고 있는 어떠한 쓴 열매도(히브 12:15) 식별할 수 있을 것입니다. 고해성사의 힘을 결코 과소평가해서는 안될 것입니다. 고백성사의 능력은 하느님께서 우리에게 베푸시는 사랑 전체를 포함할 뿐 아니라, 전 인류의 생명의 구원과 예수께서 돌아가신 사건 전체를 포함하기 때문입니다.

마찬가지로 병자성사를 통한 쇄신에 있어서도, 이와 같은 치유의 능력이 강조되어왔습니다. 과거에는 병자성사에 의한 쇄신의 의미를 단순히 죽음 전의 준비과정으로만 여겼으나, 이제는 심하게 앓고 있는 모든 환자를 영적 정신적 육체적으로 완치하기 위한 목적으로 재인식하게 되었습니다. 이러한 인식은 야고보서에 따라 행하여졌던 초기교회의 관례에서 찾아볼 수 있으며, 실제로 야고보서의 중요한 구절은 병자성사의 성찬전례 서두에 봉독 되고 있습니다:

"여러분 가운데에 앓는 사람이 있습니까? 그런 사람은 교회의 원로들을 부르십시오. 원로들은 그를 위하여 기도하고, 주님의 이름으로 그에게 기름을 바르십시오. 그러면 기도가 그 아픈 사람을 구원하고, 주님께서는 그를 일으켜 주실 것입니다. 또 그가 죄를 지었으면 용서를 받을 것입니다."

(야고 5:14–15)

마찬가지로 성찬례도 치유 성사의 하나로 간주되어야 합니다. 제2차 바티칸 공의회 이후로, 신자들은 미사의 성사적 은총인 그리스도의 공동체 형성에 관하여 보다 새롭고 명확하게 이해하게 되었습니다. 즉 전통적으로 행하여 온 성체성사의 은사가, 교우들간의 친교를 통한 '인간관계의 치유'를 포함한다는 개념을 재인식하게 되었습니다.

"빵이 하나이므로 우리는 여럿일지라도 한 몸입니다. 우리 모두 한 빵을 함께 나누기 때문입니다."

(1코린 10:17)

우리가 그리스도님의 한 지체인 것은 우리 모두들 각자가 그리스도님의 한 몸을 받아 모시기 때문입니다. 이와 동시에 성체성사는 개인적인 치유를 위한 성사이기도 합니다. 미사는 육신과 마음과 영혼의 치유를 축하하는 행사이며, 과거와 현재에 대한 치유와 또한 미래의 불행으로부터 보호받는 것까지도 이 축하행사에 포함 됩니다.

주님의 몸과 피를 받아 모심이...
제 영혼과 육신을 자비로이 낫게 하시며 지켜주소서.

(영성체 전 기도)

주님, 이 성사를 통하여 당신의 치유의 능력을 누릴 수 있게 해주시고 마음과 육신으로 구원의 사랑을 경험케 해주소서.

(사순절 제1주간 월요일, 영성체 후 기도)

사제가 성체를 높이 들어올릴 때 모든 신자들은 함께 기도를 바칩니다: "한 말씀만 하소서. 제가 곧 나으리이다." 성체를 받아 모신 후 우리는 우리 마음속에 모신 주님에게, 치유가 필요한 부분에 치유의 빛을 비추어주시도록 청하거나, 또는 그분의 손길로 만져 주시도록 간청할 수 있습니다.

19세기 말엽의 성령강림절에 그 기원을 둔 성령쇄신운동이, 1960년대에 들어서면서 개신교의 주요 종파와 카톨릭 교회에 소개되었습니다. 이 쇄신을 통하여 은총과 은사 그리고 특히 특별 은사들(charisms)이 쏟아져 내렸습니다. 특별은사는 모든 사람에게 주어지는 것이 아니고 공동체를 세우는데 필요한 몇몇 사람에게만 주어지는 특수한 은사입니다. 특별은사는 가르침, 상담, 복음 전파, 지도, 예언, 기적 그리고 치유와 같이 다양한 형태가 있습니다. 새롭게 부어주시는 이 치유의 특별은사를 통하여, 때로는 개인적으로 때로는 모임 전체에게 여러 형태와 종류의 병으로부터 수 많은 사람이 치유되고 있습니다.

내적치유

여러 종류의 치유 가운데 가장 중요한 것은 영적치유 입니다. 실제 경험에 의하면, 기도에 대한 응답으로 얻게 되는 육체적 치유와 더불어 매우 중요한 요소로서, 깊은 심적인 변화와 같은 주님과 새롭게 일치하는 관계인 영적치유를 반드시 동반하게 됩니다. 이와 같이 육체적·정신적 그리고 영적치유의 영역이 서로 중복되거나 관련되어 있어 서로 영향을 미칠 수도 있기 때문에 실제로 구분은 가능하지만 완전히 분리해서 생각할 수는 없습니다. 영적치유에 있어서는 정신적 요소를 포함하기도 하며, 정신적인 치유 역시 신체적 건강의 호전을 수반하는 경우와 같이 신체적 요소를 포함하기도 할 것입니다. 마찬가지로 어떤 신체적 질병의 경우, 부분적으로는 그 원인이 정서적 불안으로부터 오는데, 이때 정서적인 문제를 치유함으로써 신체적 질병을 급진적으로 호전 시키거나 완전히 치유할 수 있습니다.

본 단원에서는 내적치유[3]에 관하여 설명하겠습니다. 우리는 "내적치유"라는 용어를 영적 및 심리적 치유영역 둘 다를 통칭하는 의미로 사용할 것입니다. 또한 정신적 치유를 중심으로 문제를 다루겠지만 영적인 면도 소홀히 하지 않을 것입니다.

보통 내적치유 기도는 큰 집단 단위로 하지 않습니다. 그렇게 할 수도 있지만, 대체로 두 사람씩 짝을 지어 서로를 위해 기도하거나 또는 두 사람이 다른 제 삼자의 치유를 위해 함께 기도하는 형식을 취합니다. 고해자가 고해성사 동안이나 고해성사 바로 후에 참회의 뜻으로 내적치유 기도를 바치는 경우와 같이, 자신의 내적치유를 위해 혼자서 기도를 바치는 경우가 가장 흔한 형태입니다.

내적치유를 위한 기도란 무엇인가요? 우리 모두는 종종 내적 고통이나 갈등 또는 이성을 잃고 화를 내거나 강렬한 공포나 슬픔과 같은 감정을 체험해왔습니다. 우리는 복음 말씀을 통하여, 예수께서 육체적인 치유 뿐만 아니라 내적 정신적 정서적으로 그리고 영적으로 우리를 치유하실 수 있

---

3 특히 내적치유에 관한 참고도서는 뒤편에 있는 목록을 참고할 것

다는 것을 알고 있으며, 또한 기도를 하면 그분께서 반드시 들어주신다는 것도 알고 있습니다.

종종 주님께서는 심리상담을 통한 치유와 같이 어떤 사람을 통하여 당신의 치유은사를 베풀기도 하십니다. 예수께서는 단지 우리의 내적치유 기도만으로도 이에 대한 응답으로 치유를 베풀어주십니다. 이 말은 정서적으로 치유받기 위해 우리가 서로를 위해 함께 기도드릴 수 있음을 의미하며, 이때 치유를 필요로 하는 사람이 정서적으로 치유될 뿐 아니라 그 사람을 위해서 기도하는 사람 자신도 내적으로 치유 받을 수 있음을 의미합니다. 예수님은 당신께서 "억압 받는 이들을 해방시키러" 오셨음을 분명히 말씀하셨습니다(루카 4:18). 그분은 우리의 인생을 흔히 왜곡되게 만드는 죄의 뿌리가 되는 내적상처로부터 우리를 해방시킴으로써 그 말씀을 이행하십니다. 부끄럽게 만들거나 후회하게 되는 행동과 자기가 한 말을 후회해 봐도 다시 돌이킬 수 없는 말 등은, 우리가 스스로에게 입힌 내적상처 들입니다. 예수님은 우리의 잘못을 용서하실 뿐 아니라 잘못의 뿌리가 되는 상처까지도 치유해주실 만큼 우리를 사랑하십니다. 내적치유는 항상, 관계를 궁극적으로 치유하는 것이며 자기 자신과의 관계까지도(아마도 가장 먼저) 치유하는 것입니다. 남들이 우리에게 끼친 분명한 상처는 우리가 보다 쉽게 알아차릴 수 있는데, 이 문제에 관해서는 나중에 다시 설명하겠습니다.

심리학과 정신의학에 의하면 우리 안에 치유되기를 바라는 것들 중 상당 부분이 의식하지 못하는 곳에 존재하고 있다는 것을 알고 있습니다. 내적인 고통이나 긴장감이나 슬픔은, 흔히 그 근원이 되는 문제나 고통이나 상처나 갈등에 기인하기 때문에 우리가 의식하지 못하고 또한 알지도 못합니다. 우리에게는 '녹일 필요가 있는 빙산의 일각'만 보일 뿐입니다. 그러나 우리가 무엇이 치유되어야 될지 정확하게 알고있을 경우, 설사 이것이 도움은 된다 하더라도 반드시 꼭 알아야 할 필요는 없습니다. 우리가 치유받기를 원한다는 것을 의식하고 있기만 하면, 우리의 느낌 안에서 내적으로 치유받기 위해 기도할 수 있습니다. 그리고 나서, 우리가 무엇을 해야 할 것인가 또는 그 다음에 무엇을 위해 기도를 할 것인가는 주님께서 알아서 우리를 인도해 주시도록 맡겨드릴 수 있습니다.

대부분 무의식적으로 잠재되어 있는 이러한 상처들은 어디에 기인할까요? 그것들은 우리가 세상에 존재하기 시작한 바로 그 순간부터, 우리의 어린 시절과, 청(소)년기를 거쳐 성년기의 과정, 그리고 삶의 전 과정으로부터 옵니다. 그러한 상처들 중 일부는, 너무 오래 전의 것이거나 깊숙이 억압되어 있기 때문에, 우리가 절대 거기에 도달할 수 없습니다. 하지만 우리의 주님은 사랑으로 그 상처들을 훤히 보시고 모두 치유하실 수 있습니다. 많은 내적 상처들은 – 의식할 수 있거나 그렇지 않거나 간에 – 어린 시절의 가난이나 부적합한 가정생활, 학교생활에서의 부정적인 면들 그리고 어린 시절이나 그 후 삶의 과정에서 받은 좌절에 기인합니다. 많은 경우, 남들에게 결코 해서는 안될 일을 했을 때, 수 많은 고통이 생기게 되고 그 고통에 대한 치유를 요하게 됩니다.

내적치유를 위한 기도는 대체로 세 유형으로 나눌 수 있습니다. 첫째, 우리는 감정적인 동기의 치유, 즉 마음의 치유를 위해 기도를 할 수 있습니다. 종종 우리 마음 속이 부정적인 상태로 되어 그 이유를 알 수 없거나 애매하거나 또는 산만하여, 이러한 불안한 상태의 감정이 하느님과 일치하고자 하는 과정으로부터 자신을 봉쇄하는 결과를 초래할 수도 있습니다. 그러한 예로, 남을 사랑할 수 없거나 남의 사랑을 순수히 받아들일 수 없는 경우와, 소심증으로 인하여 타인과의 대화에 제한을 받는 경우나, 일반적인 우울증 등을 들 수 있습니다. 이 경우 우리는, 문제의 근원이 적어도 부분적으로는 잠재된 기억 속에 있다는 것을 분명히 알지만, 종종 이 기억 속에 도달할 수가 없습니다. 특히 억압된 성격의 경우, 때로는 근원이 되는 기억을 무의식 상태로 내버려 두는 것이 차라리 나을 수도 있으며, 때로는 심리치료 전문가나 정신의학자의 보살핌을 필요로 할 만큼 정신적인 갈등을 밖으로 들어낼 수도 있습니다. 우리가 내적치유를 위하여 다른 사람과 함께 기도하기를 원하며 청할 때, 그 사람이 우리의 비밀을 지켜줄 만한 분별력 있는 사람인지를 확인하는 것이 좋습니다. 나아가 그 사람이 영적으로 훌륭할 뿐 아니라, 상대방에 대한 깊은 이해심과 훌륭한 감각을 지닌 사람이면 더욱 좋을 것입니다. 왜냐하면 전문적인 정신의학자라도 "거짓 기억 증후군(false memory syndrome)"과 같은 함정에 빠질 수 있기 때문입니다. 바울로의 "무엇이나 판단할 수 있어야 한다"는 충고를 유념해야 합니다(1고린 2:15).

둘째, 우리는 하느님과 하나가 되는 과정에 역행되는 습관이나 경향으로부터 해방되도록 기도할 수 있습니다. 예를 들어 우리는, 지나친 의구심, 이기심, 두려움, 우울증, 그리고 그밖에 바람직하지 못한 행동 양식으로부터, 하느님께서 우리를 해방시켜 주시도록 기도할 수 있습니다.

셋째, 내적치유를 위한 또 다른 방법은 우리의 기억을 치유해주시도록 기도하는 것입니다. 이는 우리 마음 속에 있는 어떤 과거의 기억이나, 그분께서 치유해주시기를 원하는 기억을 떠오르게 해주시도록 하느님께 단순히 청하는 것입니다. 그리고 우리는 그분께서 그 기억을 치유해주시도록 청할 수 있습니다. 치유를 요하는 기억으로는, 어릴 적에 지나치게 엄격했던 아버지나 소유욕이 강했던 어머니에 대한 기억, 알코올 중독이나 병으로 고생하던 부모님에 대한 기억, 가난과 고독으로 고생했던 기억, 어느 선생님으로부터 받은 공포감, 너무 뚱뚱해서 느꼈던 수치심, 부적격자나 장애자였기 때문에 놀림을 당하거나 수치스러웠던 기억, 사고나 육체적 학대로 인해 겪은 고통 등, 그밖에도 수 없이 많습니다. 고통을 야기시키는 이러한 기억들은 압박감에 의해 되살아 나게 될 때, 다음의 전형적인 네 유형의 반응 중 하나 또는 그 이상의 복합된 형태로 나타날 것입니다: 분노(또는 쓰라림, 원한), 공포(움츠림), 불안, 죄의식.

기도 중에 나는 주님의 손을 잡고 그분께서 내가 자신의 삶 안에서 상처를 입었던 바로 그 시간과 장소로 되돌아 가주시도록 그분에게 맡깁니다. 그분께서 나와 함께 그 고통스러운 상황 안에 – 집이나 교실 또는 운동장 – 함께 하시면서, 그기에 그분의 치유의 사랑으로 가득 채워주시도록 부탁 드립니다. 그리고 나는 그분에게 기억으로부터 오는 고통을 없애주시도록, 즉 그 기억과 관련된 모든 공포와 불안과 죄의식과 분노를 없애주시고 그 자리에 그분의 사랑으로 채워주시도록 부탁 드립니다. 여기서 중요한 것은, 그 기억이 사라지도록 기도하는 것이 아니라 그분의 치유를 통하여 그 사건의 의미를 변화시켜 주시도록 기도해야 한다는 것입니다. 그렇게 함으로써 내가 하느님을 찬미하고 사건이 일어나게 된 것에 대해 오히려 감사기도를 드릴 수 있게 되고 또한 그렇게 해주시도록 기도해야 합니다. 왜냐하면 그분께서 나의 왜곡된 자신을 곧게 펴 주심으로써, 치유된 기억으로 인하여 과거의 상처가 이제는 다른 사람의 상처에 대한 더 큰 이해와 다른 사람에 대한 더 넓고 깊은 자비심으로 승화되고 나아가 어떠한 긍정적인 힘으로 변화된다는 사실과 그 의미를, 내가 깨달을 수 있도록 해주시기 때문입니다. 사람들은 늙어감에 따라 과거의 사건과 장소 그리고 사람들에 대한 생각을 자주 떠올리게 됩니다. 이 순간이 바로, 주님에게 그 사건 – 행복했거나 후회가 되는 – 안에 함께 계셔주시도록 부탁 드리고, 그분에게 찬미와 감사 드리거나 우리를 괴롭히던 것을 바로 해주시도록 그분에게 부탁드릴 수 있는, '기회의 순간'인 것입니다. 우리가 임종을 준비하는 사람을 위하여 기도를 드릴 때 아마도 그 사람에게 아직도 자신을 괴롭히는 "못다한 일(unfinished business)"이 있을 수 있을 것입니다.

만약 그 사람이 원한다면 우리는 그 사람의 내적치유를 위해 기도드릴 수 있습니다. 요한 사도가 최후의 만찬에서 그랬듯이, 주님의 가슴에 조용히 기대어 그분의 모든 것을 신뢰함으로써, 쉽고 간결한 방식으로 기도드릴 수 있습니다.

내적치유를 위한 조건

하느님께서 우리를 내적으로 치유하시도록 우리 자신을 전적으로 그분에게 내맡기기 위해 필요한 일은 무엇일까요? 내적치유를 받기 위한 조건들은 어떠한 것일까요? 여기에는 세 가지 조건이 필요합니다: 첫째는 믿음, 즉 우리를 직접 치유하실 수 있는 주님의 능력에 대한 확신이요; 둘째는 회개이며; 셋째는 남을 용서하는 마음입니다.

하느님께서는 예수님 안에서 예수님을 통하여 역사하고 계십니다. 그리고 그분은 당신의 사랑뿐만 아니라 능력까지도 확신할 것을 우리에게 요청하십니다. 왜냐하면 그분의 사랑 속에는 능력이 함께하고 그 사랑의 힘이 치유를 가능하게 하기 때문입니다. 예수님의 사랑에 대한 확신과 함께 우리에게 더욱 필요한 것은, 그분의 사랑의 힘, 즉 그분의 자비로운 능력의 손길로 나를 친히 치유하신다는 것을 확신하는 것입니다. 예수께서는 나의 삶 전부를 알고 계십니다. 그분은 내가 잉태되는 순간 거기에 계셨고 그 후 나에 관한 모든 순간을 다 기억하시면서 나의 이름을 부르고 계십니다:

> "그러나 이제 야곱아, 너를 창조하신 분,
> 이스라엘아, 너를 빚어 만드신 분,

주님께서 이렇게 말씀하신다.

'내가 너를 구원하였으니 두려워하지마라.

내가 너를 지명하여 불렀으니 너는 나의 것이다.'"

(이사 43:1)

"'나는 너를 영원한 사랑으로 사랑하였다.

그리하여 너에게 한결 같이 자애를 베풀었다.'"

(예레 31:3)

"'영원한 자애로 너를 가엾이 여긴다.'

네 구원자이신 주님께서 말씀하신다"

(이사 54:8)

바로 이대로의 나에 대한 주님의 고유한 사랑에 대한 확신(그냥 느낌이 아닌) 만이, 과거와 현재에 입은 상처의 고리로부터 그분께서 해방시키실 수 있도록 그분의 치유의 사랑으로 자신을 개방할 수 있으며, 그분의 사랑 안에서 함께 걷고, 그 사랑이 넘쳐 흐르도록 할 수 있습니다. 불구가 된 마음에는 남을 위해 베풀 수 있는 에너지가 없습니다. 우리를 예수님과 묶어 주는 고리는 매우 다릅니다:

"나는 인정의 끈으로,

사랑의 줄로 그들을 끌어당겼으며

젖먹이처럼 들어 올려 볼을 비비고

몸을 굽혀 먹여 주었다."

(호세 11:4)

예수님의 인류애에서 나오는 치유능력은 그분의 공적활동 기간에 비해 분명 줄어들지 않았습니다. 부활하신 후 그분의 치유 능력은 더욱 위대해졌습니다. 그리고 예수께서는 우리의 기도를 들어주시고 응답해주실 것을 우리에게 약속하셨습니다.

내적치유를 위한 둘째 조건은 "회개"입니다. 회개는 죄를 거부하고, 그분의 자비와 관용에 찬 사랑을 받아들이기 위해 겸손 되이 그분에게로 향하는 것(전향, conversion)을 의미합니다. 아마도 우리가 치유를 받고자 하는 바로 그 죄는, 이미 습관화된 경우나 또는 이미 치유되고 있는 과정에 있기 때문에 죄책감을 못 느끼는 것일 수도 있습니다. 이와 같이 우리는 알면서도 그 죄를 끊어 버리지 못할 수도 있으나, 우리는 겸손 되이 하느님을 향하여 죄와 죄의 습관에 대한 '이중치유'를 베풀어 주시도록 솔직하게 털어놓는 것은 가능합니다. 이중치유의 과정은, 1)하느님께서 의인이 아닌 병자들을 구하기 위해 이 세상에 오셨다는 것과, 2)나의 죄스러움이 그분의 사랑에 찬 자비심을 부른다는 사실과, 3)나에게 어두운 면이 존재한다는 사실과, 4)내 쪽에서 그분을 받아들이기가 어렵기에 그분께서 나를 완전하고 사랑스럽게 받아주신다는 사실과, 5)내 안에 있는 바로 그 연약함이 그분께로 향하는 통로가 되는 동시에 나의 연약함 안에서 그 연약함을 완전하게 만드는 구원의 힘을 위한 통로가 된다는 사실을, 우리가 깨닫고 기억하도록 도와줍니다.

나는 주님의 관용을 받아 모시고 그분께서 나를 치유해주시기를 원합니다. 이것은 나의 삶 안에 내재하는 무질서 때문에 기도 안에서 그분을 만나게 되는 것을 의미하며, 또한 죄와 상처로 얼룩진 혼란 상태에 있는 자신의 모습 그대로 자비로우신 주님 앞으로 나아가게 되는 것을 말합니다. 나는 주님의 사랑의 빛 안에서, 나의 죄로 물든 생활과 자신의 그늘진 부분을 깨닫게 되기를 원하며, 죄의 틀에 속박된 자신을 깨닫고, 나아가 내 안에 있는 죄의 영향들 즉 원죄와 자신이 범한 죄와 나아가 남들이 나에게 범한 죄와 부족함까지도 그분께서 살펴주시기를 원합니다. 그러기 위해서는, 자신이나 자신의 죄 그리고 주님과 함께 하기를 원했던 평소의 습관에 너무 치우치지 않게 되기를 바라면서 용서의 주님이신 그분을 향해 시선을 바로 한 채, 주도하는 자는 내가 아닌 바로 그분임을 깨달아야 합니다. 또한 내가 미처 깨닫기도 전에 이미 그분께서 용서와 치유를 베풀기 위해 나를 불러주셨음을 확신하면서, 어린아이처럼 순진하고 겸손한 마음으로 그분 앞으로 나아가도록 힘써야 합니다.

내적치유를 위한 셋째 조건은, 우리가 남을 용서하는 것입니다.

> "그러므로 하느님께 선택된 사람, 거룩한 사람, 사랑받는 사람답게 마음에서 우러나오는 동정과 호의와 겸손과 온유와 인내를 입으십시오. 누가 누구에게 불평할 일이 있더라도 서로 참아주고 서로 용서해 주십시오. 주님께서 여러분을 용서하신 것처럼 여러분도 서로 용서하십시오."
>
> (콜로 3:12-13)

남을 용서한다는 것은 어려운 일일 수 있습니다. 그렇지만 실제로 누군가에 대한 원한이 마음속에 여전히 자리잡고 있더라도, 나는 이미 그를 충분히 용서했노라고 생각할 수 있습니다.

만약 내가 남을 용서하는 것이 어렵거나 불가능하여 괴로워하며 침울해져 있더라도, 예수님은 내가 그분에게 다가가도록 부르시고 나에게 안식을 주실 것입니다. 예수님을 향하여 내 마음을 열기 위해서는 내가 남을 용서해야 합니다. 내가 만든 스스로를 둘러싸고 있는 껍질, 즉 남을 용서할 수 없는 껍질이자 단단한 외피인 이 경직된 마음의 껍질을 없애기 위해서는, 내가 남을 용서해야 합니다. 그렇게 함으로써 예수님은 다른 사람이 만든 나의 상처입은 마음을 치유하실 수 있습니다. 하느님의 용서와 치유의 사랑을 받기 위해서는 내가 남을 용서해야 합니다.

예수님은 당신의 제자들에게 "주님의 기도"를 가르치신 후에, 그 뜻을 설명하고 강조하기 위하여 다음의 구절을 추가하셨습니다:

> "너희가 다른 사람들의 허물을 용서하면, 하늘의 너희 아버지께서도 너희를 용서하실 것이다. 그러나 너희가 다른 사람들을 용서하지 않으면, 아버지께서도 너희의 허물을 용서하지 않을 것이다."
>
> (마태 6:14-15)

나에게 고통이나 상처를 준 사람을 용서하지 못하면, 예수님의 치유능력으로부터 자신을 막아버리고 닫아버릴 수 있습니다. 나에게 상처를 입힌 사람에 대한 원한이나 분노가 내 안에 있는 상처를 감싸는 단단한 외피가 되어버릴 수 있습니다. 원한이나 비통함이 만든 그 견고한 껍질이, 내 안에 갇혀진 상처들을 예수님의 치유의 능력으로부터 차단시킬 수도 있습니다. 만약에 내가 남을 용서하지 못하고 또 하나의 담장을 만들면, 나 자신의 마음과 삶도 역시 그 안에 갇히고 마는 것입니다:

> "네가 무엇이든지 땅에서 매면 하늘에서도 매일 것이고 네가 무엇이든지 땅에서 풀면 하늘에서도 풀릴 것이다."
>
> (마태 16:19)

만약 내가 남을 용서함으로써 그 사람이 자유롭게 되면 나 자신도 마찬가지로 자유로워집니다. 독(毒)은 어디선가에서 끝을 내야 하며 그렇지 않으면 그 고리는 계속 이어집니다. 십자가에 못박히신 예수님은 모든 죄와 미움을 당신 스스로 짊어 지심으로써 죄와 미움의 고리를 끊으셨습니다:

"그분께서는 우리의 모든 잘못을 용서해 주셨습니다. 우리에게 불리한 조항들을 담은 우리의 빚 문서를 지워 버리시고, 그것을 십자가에 못 박아 우리 가운데에서 없애 버리셨습니다."

(콜로 2:13-14)

그러나 만약 남을 용서하는 것이 불가능한 사실 그 자체가 우리가 예수님께 가지고가야 할 상처일지라도, 우리는 그분께서 도와주신다는 것을 분명히 확신할 수 있습니다. 왜냐하면 용서하는 일이 예수님을 가장 기쁘게 해드리는 것이고, 우리의 상처가 용서하지 못할 정도로 너무 큰 것 같아도 그분은 자비를 베풀기를 결코 거절하지 않으시기 때문입니다. 그분은 이미 용서하신 죄를 포함하여 우리의 삶을 통하여 입은 모든 상처들을 잘 알고 계십니다.

"불의하게 고난을 겪으면서도, 하느님을 생각하는 양심 때문에 그 괴로움을 참아 내면 그것이 바로 은총입니다. 잘못을 저질러 매를 맞을 때에는, 견디어 낸다고 한들 그것이 무슨 명예가 되겠습니까? 그러나 선을 행하는데도 겪게 되는 고난을 견디어 내면, 그것은 하느님에게서 받는 은총입니다. 바로 이렇게 하라고 여러분은 부르심을 받았습니다. 그리스도께서도 여러분을 위하여 고난을 겪으시면서, 당신의 발자취를 따르라고 여러분에게 본보기를 남겨주셨습니다. 그는 죄를 저지르지도 않았고 그의 입에는 아무런 거짓도 없었습니다. 그분께서는 모욕을 당하시면서도 모욕으로 갚지 않으시고 고통을 당하시면서도 위협하지 않으시고, 의롭게 심판하시는 분께 당신 자신을 맡기셨습니다."

(1베드 2:19-23)

정서적인 문제의 내적치유에 있어서 치유의 상당한 부분이 하느님과의 화해에 달려있습니다. 또한 하느님과의 화해는 우리의 죄를 회개하고 하느님께서 그 죄를 용서하심으로써 가능합니다. 하느님과의 일치 안에서 회개하고 그분의 자비를 수용하는 것은 내적치유의 하나인 영적치유입니다. 그리고 영적치유는 정서적 치유와 밀접하게 관련되어있어 종종 정서적 치유로 이르게 될 수 있습니다. 반면 회개와 하느님과의 화해가 없다면, 성령님의 능력으로 행하여 지는 어떠한 정서적 치유도 거의 불가능합니다.

그래서 회개의 참된 은총은 무엇보다 내가 남을 용서하느냐에 달려있습니다. 하느님께서는 우리가 남을 용서할 때만 우리를 용서하시므로, 우리는 "저희에게 잘못한 이를 저희가 용서하듯이 저희의 잘못을 용서해 주십시오"하고 기도합니다. 만약 내가 다른 사람을 용서하지 않는다면, 내 안에 있는 비통함이나 상처 그리고 원한이나 분노로 인하여, 주님의 관용을 받아들여 나의 정서와 감정을 치유하는데 필요한, 회개와 하느님을 향한 마음의 개방이 불가능할 것입니다.

때때로 우리는 남을 용서하지 못한다는 사실이 기억 속에 묻혀져 깨닫지 못한 채로 지내는 수가 있습니다. 그래서 우리는 다른 사람을 이미 용서했다고 생각하거나 당연히 그렇다고 여깁니다. 그러나 원한과 불용(不容)은 의식하지 못한 채 우리 내부에 남습니다. 이와 같이 우리가 의식하지 못하는 곳까지도 하느님의 치유가 미칠 수 있도록 하기 위해서는, 우리에게 상처를 입힌 사람을 용서하는 것이 - 그 사람의 고의든 아니든, 심지어 어떠한 비통함도 의식하지 못하거나 또는 내쪽에서 관용이 부족한 탓이든 그 이유여하를 막론하고 – 왜 중요한가를 말하고 있습니다.

그리고 우리들 가운데 많은 사람들은, 우리의 죄와 우리의 실수와 우리의 실패에 대해서, 우리 자신을 용서하는 것이 필요합니다. 자신을 용서할 수 있기 위해서는, 예수님과 하느님 아버지께서 전적으로 그리고 무조건 나를 받아주신다는 사실을 내가 받아들여야 하며, 하느님께서 나를 받아 주시듯이 내가 그분을 받아들여야 내가 나 자신을 받아들일 수 있습니다. 우리 주 하느님께서는 내 안에 있는 어두운 면에도 불구하고 나를 사랑하시는 것이 아니라, 오히려 그 어두운 면 때문에 나를 사랑하시는 것입니다. 그분께서는 의인이 아닌 죄인을 구하기 위해 이 세상에 오셨으며, 죄로 물든 나의 생활이 그분의 자비로운 사랑을 부르게 된 것입니다. 그분의 자비와 사랑에 찬 용서를 받아들이고, 내가 나 자신을 받아들임으로써, 내가 자신을 용서할 수 있게 됩니다.

종종 우리는 하느님을 용서해드릴 필요가 있습니다. 분명 하느님에게 어떤 잘못이 있을 리가 없습니다. 그럼에도 불구하고 나는 막연히, 자신의 한계나 실패 때문에, 병이나 사고 또는 내가 사랑하는 사람의 죽음이나 자신이 처한 환경 때문에, 하느님을 원망할 수 있습니다. 이러한 터무니없는 원망에도 하느님께서는 내가 그분을 용서하기를 바라십니다. 그렇게 함으로써 내가 내 안에 자리잡고 있는 노여움과 슬픔을 극복하고 그분의 무한한 사랑을 받아 치유될 수 있기 때문입니다.

내적치유를 위한 기도

아마 지금 여러분은 이 단원을 읽는 동안 또는 나중에, 침묵 속에서 조용히 내적치유를 위한 기도를 바칠 수 있을 것입니다.

1. 첫 번째 단계는, 주님께서 여러분을 내적으로 치유해 주시도록 가능한 한 굳은 신념을 가지고 청하는 것입니다:

주 하느님, 당신께서는 저희에게 '구하라 그러면 얻을 것이요, 찾으라 그러면 얻을 것이요, 두드려라 그러면 저희에게 향하는 문이 열릴 것이다'라고 말씀하셨습니다. 이제 저는 당신의 내적치유를 구하고자 합니다. 저를 치유해주십시오. 완전한 인간으로 치유해주십시오. 저는 당신께서 저를 친히 사랑하고 계심을 믿으며 당신의 자비로운 치유의 권능을 굳게 믿습니다.

2. 두 번째 단계는 회개입니다. 회개는 죄 사함을 받기 위해 주님께로 향하는 것입니다. 그분의 사랑과 이해의 빛 안으로 들어갈 때, 나의 참된 모습을 볼 수 있고 내 안에 있는 많은 죄와 혼란스러움과 상처와 고통을 더 잘 깨달을 수 있도록 자유로워 집니다. 또한 나는 주님의 사랑 안에서, 그분의 용서와 내적치유를 갈망하고 있는 나 자신의 모습을 보다 잘 볼 수 있도록 자유롭게 됩니다.

주 하느님, 제가 지은 죄에 대해 뉘우치며, 당신의 자비를 믿습니다. 당신께서 도와주신다면, 저는 제 생활 안에서 제가 지은 죄와 죄에 물든 것들을 끊어 버리겠으며, 어떤 방식으로든 당신을 거부하는 모든 것을 끊어 버리겠습니다. 저의 마음을 활짝 열어 당신의 자비로운 사랑을 받아들이겠습니다. 그리고 제 안에 있는 무질서함을 깨닫고 상처와 고통과 죄의식으로부터 오는 내적 무질서를 체험할 수 있는 은총을 당신께 구하옵니다.

이 기도 안에서 저를 인도해주십시오. 무엇을 위해 기도해야 할지, 어떻게 기도해야 할지를 가르쳐 주십시오. 주님, 제가 주님에게 청하기를 원하시는, 그 어떤 고통과 상처도 제가 깨닫게 해주십시오.

3. 이제 마음속으로 떠오르는 문제들이나 쓰라린 체험들을 바라보면서, 그 문제나 기억을 치유해주시도록 기도드립니다. (만약 둘 이상 떠오르면, 한 번에 하나씩 떠올리도록 하십시오.) 그것은 실패나 잘못된 관계 혹은 사랑하는 사람을 잃게 된 경우 등일 수 있습니다. 그것은 또한, 아버지나 어머니와의 불화와 같은 어린 시절의 기억일 수도 있으며, 지금 처해있는 분노나 침울함 또는 바람직하지 못한 행동양식일 수도 있습니다.

상처나 괴로운 기억이나 문제들을 주님께서 치유해주시도록 맡겨드리고, 여러분은 자신의 말로 기도하십시오. 어린아이와 같이 순수하게 기도드리도록 해야 합니다.

4. 관련된 모든 사람을 용서합니다. 그들 한 사람 한 사람의 이름을 떠올리며 용서하고, 주님의 도움으로 그들 각자를 용서한다고 그분에게 말씀드리십시오. 용서할 사람을 상상해 보십시오. 그리고 상상의 장면 속에서 여러분의 팔로 그를 감싸 안고, 그에게 "나는 당신을 용서했습니다"라고 말해 보십시오. 그리고 나서 상상 속에서 주님의 모습을 바라보십시오. 그분께서 양 팔을 뻗어, 한 팔은 나를 그리고 다른 팔은 여러분이 용서해준 바로 그 사람을 감싸 안고 계신 모습을…그리고 그 사람과 함께 주님의 품 안으로 걸어 들어가, 주님에게 각자 용서를 청하고 서로 화해시켜 주시도록 청한 후, 주님과도 화해를 청합니다.

5. 상상 속에서, 문제가 되었던 상황 혹은 상처 받은 기억의 그 장소를 그려보십시오. 그 장소와 상황에 주님을 그려넣고, 여러분과 그곳에 함께 하시는 그분의 치유의 사랑으로 그 곳을 가득 채우십시오. 그리고 나서 그 분에게 치유해주시도록 여러분 자신의 말로 간단히 기도하십시오.

상황에 따른 내적치유

내적치유는 혼자서 드리는 개인기도 중에 일어날 수도 있고, 나와 한두 사람이 함께 치유를 위해 드리는 기도 중에 일어날 수 있으며, 내적치유를 구하며 드리는 단체기도 중에 일어날 수도 있습니다. 내적치유가 일어날 수 있는 특전이 주어지는 상황은 성사를 통하여, 특히 고백성사와 병자성사, 그리고 주님의 만찬을 기념하는 성체성사를 통하여 베풀어집니다. 내가 나의 죄를 고백할 때: 1)그 죄에 대한 후회하는 심정을 표현하고, 2)주님의 용서와 그분의 평화를 받아들이고, 3)고백한 죄와 관련되었을 수 있거나 죄를 짓게 하는 의식적 습관의 근원과 관련되었을 수도 있는, 상처와 고통의 치유를 위해 기도드립니다. 병자성사는 닥쳐올 삶에 대한 준비일 뿐만 아니라 죄의 사함과 육체적·내적 치유를 위한 성사입니다. 특히 성체성사는 예수님 안에서 같은 빵을 나눔으로써 그분과 더욱더 하나가 되는, 개인적인 인간관계를 치유하는 성사입니다. 그리고 일반적으로, "...합당치 않사오나 한 말씀만 하소서. 제가 곧 나으리다"하고 드리는 기도는, 믿음 안에서 확고한 신뢰심을 가지고 치유가 일어날 것을 "기대하면서" 바쳐야 한다는 것을 의미합니다.

이제까지 우리는 내적치유를 하나의 독립된 행위, 즉 치유를 위하여 숨김없이 솔직하게 드리는 기도에 대한 응답으로 간주해 왔습니다. 그러나 내적치유는 주님을 만나는 전 과정 안에서도 일어날 수 있는데, 이러한 관점에서 볼 때 내적치유를 더욱 현실적으로 이해할 수 있게 됩니다. 한걸음 더 나아가, 내적치유는 주님과의 일치 안에서 일어나는 성장의 총체적 일부로서[4], 깊은 전향의 조건으로서, 그리고 봉사의 동기로서 보다 잘 이해될 수 있습니다.

예수님과 사마리아 여인의 만남에 관한 이야기는(요한 4:7－42), 기도하는 과정의 한 부분으로서 내적치유의 좋은 예가 되고 있습니다. 그 과정은 주님께로 나아가는 여정으로 시작하여, 그분의 현존 안에 잠시 머무는 것으로 끝맺고 있습니다. 그 여정에서 사마리아 여인은 자기 삶의 무질서함을 깨우치고 (재)정리된 삶을 시작하게 됩니다. 여정의 발단인 재정리 과정 그 자체가, 여인의 자신에 대한 깨달음 즉 자신이 죄인이라는 사실과 부르심을 받았다는 사실을 명백히 해주는, 전향의 과정에로의 입문(入門)인 것입니다. 다시 말해서 그 전향은 그녀를 주님께로 더욱 가까이 이끌어 주었고, 그녀로 하여금 선교라는 구체화된 임무로 새로운 자유를 얻게 합니다. 그녀는 그녀를 손수 불러주신 부르심을 받아들이고 한 걸음 더 나아가–다른 사람에게 주님의 복음을 전하는 소명까지도 받아들여–다른 사마리아 사람들에게 그 복음을 전하러 나갑니다. 그 사마리아 여인은 예수님을 받아들임으로써 ("그분이 그리스도가 아니실까요?"), 자신을 더욱 잘 이해하게 되었으며 ("제가 한 일을 모두 알아 마친 사람이 있습니다."), 그

---

4 역주: Vandergrift박사는 우리가 흔히 사용하는 '영성(spirituality)'이라는 용어를 "일상생활 안에서 사람·장소·사건·사물을 통하여 경험하는 하느님과의 '성장하는 친밀함'" 이라고 정의한다. 내적치유가 주님과의 일치 안에서 일어나는 총체적 영적성장의 일부임을 이해할 때, 내적치유의 한 부류인 영적치유야 말로 하느님과의 친밀감을 성장·촉진시켜주는 가장 중요한 은사이자 영성(생활)의 핵심을 이루고 있음을 알 수 있다; Nicki V. Vandergrift, *Organic Spirituality–A Sixfold Path for Contemplative Living*, Orbis Books, Maryknoll, New York, p4, 2000.

리고 그녀는 그 기쁜 소식을 전파하기 위해 밖으로 달려나갑니다("와서 보십시오...").

예수께서 베드로의 장모를 치유해 주신 사건에서도(마르 1:29-31) 치유와 봉사간의 동등한 관계를 엿볼 수 있습니다 ("열이 내리고 부인은 그들의 시중을 들었다"). 치유를 받는다는 것은 봉사를 위한 새로운 자유를 부여 받는 것입니다. 어떤 사람이 주님으로부터 치유의 은사를 받았을 때, 감사와 자유를 표현하기 위해 봉사할 일을 찾게 되는 일은 흔히 일어나고 있습니다.

제 2 장

나의 참모습과 주님의 자비

마리아의 노래

예수님을 뱃속에 가지신 마리아가 임신한 사촌언니 엘리사벳을 문안할 때 이렇게 노래합니다:

> "내 영혼이 주님을 찬송하고
> 내 마음이 나의 구원자 하느님 안에서 기뻐뛰니
> 그분께서 당신 종의 비천함을 굽어보셨기 때문입니다."
>
> (루카 1:46-48)

마리아는 하느님을 찬미합니다. 마리아는 하느님을 찬미하고, 하느님을 찬양하고, 하느님께 영광을 드립니다. 확대경이 태양광선을 한데 모아 초점을 만들듯이, 마리아는 주님의 참모습을 드러내기 위해 우리에게 초점과 같은 역할을 합니다. 마리아는 자신에게 맡겨진 역할을 찬양하고, 또한 하느님에게 영광을 드리고 찬미드릴 수 있게 된 자신의 처지를 찬양합니다. 왜 그럴까요? 왜냐하면 마리아는 주님 앞에서 겸허하기 때문입니다. 마리아는 자신을 종으로, 하녀로 여기면서, 주님 앞에 자신을 낮추고 겸허해 합니다. 그녀는 자신의 존재에 대한 현실 안에서, 즉 자신이 전적으로 하느님에게 종속되고 또한 하느님의 자비로운 사랑에 의존하는 존재라는 현실 안에서, 주님 앞에 겸허한 자세로 다가갑니다. 그녀는 자신의 존재와 예수님의 어머니로서의 역할과 자신의 모든 것을 위해 주님에게 의존합니다. 이러한 현실에서의 마리아의 마음, 즉 사건의 실제 상황 안에서 겪는 마리아의 마음으로부터 알 수 있는 것은, 바로 그녀의 겸허함, 스스로를 낮추는 그녀의 태도입니다.

복음서에 명백히 기록된 사실이자 문헌과 회화를 통해 전해 내려오는 그리스도교회의 전통을 통해 자명한 사실은, 마리아의 위대한 성품이자 그녀의 위대한 선이 바로, 하느님 앞에 순수히 드러난 그녀의 겸손함과 주님 앞에서 드러낸 그녀의 솔직하고 티없이 맑은 자태입니다. 인류의 가장 높은 지위에 계신–왜냐하면 마리아는 하느님이신 예수님의 어머니이시기 때문에–분이면서도, 엘리사벳을 방문하고 또한 가장 미천하고 가장 겸손한 모습으로 하느님과 우리 모두에게 찾아옵니다. 첫째가 꼴찌가 되고 가장 미천한 자가 됩니다. 바로 이 진리에 순종했던 마리아는 첫째 지위를 얻게 되고 하느님의 총애를 받게 됩니다. 주님께서는 마리아가 미천하기 때문에 그녀를 총애하는 마음으로 바라보십니다.

하느님 앞에서 마리아의 겸손은 자신이 주님에게 예속된 피조물이라는 생각으로부터 옵니다. 그녀의 원죄 없는 잉태에도 불구하고, 그녀가 하느님(예수님)의 어머니이심에도 불구하고, 마리아는 완전히 피조물의 지위로 남습니다. 우리는 분명 마리아의 위대한 겸손을 지니지는 못했지만, 우리의 죄와 우리의 사악함 때문에 마리아의 겸손함을 갖는 것은 더더욱 필요합니다.

루가 복음에 하느님의 총애를 받는 또 다른 인물은, 예수님의 비유에 나오는 세금 징수원인 세리입니다.

바리사이인과 세리

예수께서는 비유 말씀에서, 성전에 기도하러 가는 두 사람 바리사이인과 세리에 관해 이야기하십니다.

> "두 사람이 기도하러 성전에 올라갔다. 한 사람은 바리사이였고 다른 사람은 세리였다. 바리사이는 꼿꼿이 서서 혼잣말로 이렇게 기도하였다. '오, 하느님! 제가 다른 사람들, 강도짓을 하는 자나 불의를 저지르는 자나 간음을 하는 자나 같지 않고, 저 세리와도 같지 않으니, 하느님께 감사드립니다. 저는 일주일에 두 번 단식하고 모든 소득의 십일조를 바칩니다.' 그러나 세리는 멀찍이 서서 하늘을 향하여 눈을 들 엄두도 내지 못하고 가슴을 치며 말하였다. '오, 하느님! 이 죄인을 불쌍히 여겨주십시오.' 내가 너희에게 말한다. 그 바리사이가 아니라 이 세리가 의롭게 되어 집으로 돌아갔다. 누구든지 자신을 높이는 자는 낮아지고, 자신을 낮추는 자는 높아질 것이다."
>
> (루카 18:10-14)

그 바리사이인은 나쁜 사람이 아닙니다. 그는 좋은 사람이자 전통적으로 거룩한 인간 모습의 표본입니다. 그는 율법이 요구하는 이상으로 단식을 하고, 다른 사람을 위해 기도를 바치며, 성전에 돈을 바치고 또한 하느님께서 베풀어주신 자비에 대해 하느님께 감사를 드립니다. 그 바리사이인이 기도를 바칠 때는 분명히 당시 유태교의 관습대로 일반적인 기도의 절차에 따라 두 팔을 들어올리고 하늘을 쳐다보며 큰 소리로 기도를 바칩니다.

반면, 세리는 철저히 나쁜 사람입니다. 그는 예루살렘 시를 점령하고 있던 로마군을 위해 일을 합니다. 그는 로마군을 위해 세금을 징수하는, 즉 자기의 동료인 유태인들로부터 세금을 징수하여 점령군에게 갖다 바칩니다. 당시 이스라엘은 시민정부와 종교가 통합된 시정국(市政國)이었기 때문에, 그 세리는 자기의 동료인 국민과 국가를 배반하고 나아가 자신의 종교와 자신의 하느님까지도 배반하는 셈입니다. 그는 더할 나위 없이 나쁜 사람이었습니다.

그리고 그 세리는 기도를 올바로 바치기를 거부합니다. 그는 하늘을 향해 쳐다보거나 양팔을 들어올리지도 않고 하느님의 이름을 부르지도 않습니다. 대신 그는 고뇌에 찬 마음으로 하느님에게, “주님, 죄인인 저에게 자비를 베풀어 주십시오”하고 부르짖습니다. 절망에 빠져 넋을 잃은 채.

그렇지만 그 세리가 성전 안에서 회개하지 않았느냐고요? 천만에요. 그 세리는 생계의 수단인 자기의 직업을 버리지 않는 한, 자신의 생활을 바꿀 수 없습니다. 그는 회개하지 않은 죄인으로, 타락한 영혼으로 계속 살아갑니다.

그러나 바리사이인이 아닌, 그 세리가 하느님의 총애를 받게 됩니다. 바리사이인이 아닌, 그 세리가 하느님 앞에 떳떳한 사람이 되어 집으로 돌아갑니다. 어떻게 해서 그게 가능할까요? 왜 나쁜 사람인 세리가 하느님 앞에 떳떳한 사람이 될 수 있을까요? 그리고 좋은 사람인 바리사이인은 반대로 그렇지 못할까요?

그 세리는 자신이 누구인지를, 즉 자신이 죄인임을 알기 때문입니다. 그는 하느님 앞에 자신이 아무것도 아닌 존재임을, 자신이 전적으로 하느님에게 그리고 하느님의 자비심에 달려있음을 인식하고 있습니다. 그가 하느님의 총애를 받는 부분적인 이유는 자신이 죄인임을, 그리고 죄로 점철된 자신임을 인정하기 때문입니다. 그 세리의 약점과 죄인이라는 사실이 주님의 무한하신 총체적 사랑의 일부인 그분의 자비심을 불러일으킵니다. 주님은 그 세리의 약점과 죄 많음에도 불구하고 사랑하시는 것이 아니라, 부분적으로는 그 점 때문에 그리고 더욱 중요한 이유는 자기 자신이 나약하고 죄가 많고 비참한 사람이라는 사실을 알기 때문에 사랑하십니다. 그는 자신이 어떤 인간임을 하느님 앞에 솔직히 고백합니다. 자신이 죄인이라는 사실을.

예수께서는 죄인들과 함께 계시기를 더 원하시는 것 같습니다. 예수께서 바리사이인과 (예를 들어 바리사이파 사람인 시몬의 집에서) 식사하실 때, 그분의 마음이 편하지 못하신 것 같습니다. 그래서 그날 밤을 세리인 자케우스의 집에서 묵기로 마음을 정하십니다.

바리사이인들이 예수님이 세리와 창녀들과 함께 식사를 나누며 친교하시는 모습을 보고 불평을 늘어놓았을 때 예수께서는, 의사를 필요로 하는 사람은 건강한 사람이 아니라 병든 자들이라고 말씀하십니다. 그분은 바리사이파 사람들에게, "내가 바라는 것은 희생 제물이 아니라 자비다"라는 예언자의 말을 깨닫기를 당부하십니다(호세 6:6; 마태 9:10-13). 예수님은 의인들이 아닌 죄인들을 부르시기 위해 이 세상에 오셨습니다.

바리사이인들은 그야말로 병든 사람이며 영적장님이지만, 그들은 자신을 건강한 사람들이라고 자만에 차있습니다. 그네들은 스스로가 병든 사람이라고 생각하지 않기 때문에 "의사"의 도움 따위는 전혀 필요치 않은 사람들이라고 여깁니다.

영적장님

구약 성서의 이사야 예언서에 나오는 이스라엘의 지도자들은, 그들의 이기심과 탐욕과 나태함으로 인하여 영적인 장님이 됩니다(이사 56:10). 이것은 또한 그들로 하여금 하느님의 진리를 보지 못하게 만듭니다:

> "너희는 깜짝 놀라서 어리둥절해하리라.
> 스스로 눈을 들어붙게 하여 눈이 멀리라….
> 주님께서는 너희 위로
> 깊은 잠의 영을 부으시고
> 너희 예언자들의 눈을 감기시며
> 너희 선견자들의 머리를 덮어 버리셨다."
>
> (이사 29:9－10)

그들은 자신이 영적장님이라는 사실조차 못 보는 장님입니다:

> "너는 저 백성의 마음을 무디게하고
> 그 귀를 어둡게 하여 그 눈을 들어 붙게 하여라.
> 그들이 눈으로 보고 귀로 듣고 마음으로 깨닫고서는
> 돌아와 치유되는 일이 없게 하여라."
>
> (이사 6:10)

영적으로 앞 못 보는 장님이 된다는 것은 하느님께서 우리 생활 안에서 계시하시는 진리와 선을 볼 수 없는 자신의 부주의에서 오는 무능력입니다. 보통 영적장님은 자신이 정당하고 존경을 받을 가치가 있다고 생각하는 사람에게 해당합니다. 이와 같이 영적장님이 되는 것은 죄나 죄의 결과 때문입니다.

신약성서에 자기 정당화와 위선이 영적장님을 만든다는 사실을 말하고 있습니다. 바울로는 자신을 유태인이라고 부르는 사람들에게 이렇게 훈계를 합니다:

> "또 자신이 눈먼 이들의 인도자고 어둠 속에 있는 이들의 빛이라고 확신하며, 율법에서 지식과 진리의 진수를 터득하였으므로 어리석은 자들의 교사이며 철없는 자들의 선생이라고 확신합니다.그렇다면 남은 가르치면서 왜 자신은 가르치지 않습니까?"
>
> (로마 2:19-21)

그들은 "도적질을 하지 말라"고 설교하면서도 그들 자신은 도적질을 하고, 간음을 해서는 안 된다고 가르치면서 자신은 간음을 합니다. 이와 같이 말로만 떠드는 사람은 자신을 영적장님으로 만듭니다:

> "그들의 경우, 이 세상의 신이 불신자들의 마음을 어둡게 하여, 하느님의 모상이신 그리스도의 영광을 선포하는 복음의 빛을 보지 못하게 한 것입니다."
>
> (2코린 4:4)

이와 같이 영적장님은, 그리스도인의 덕(德, virtues)-지식, 믿음, 자제, 인내, 거룩함, 형제애-의 결핍을 가져오고 "이러한 것들을 지니지 못한 자는 근시안이라서 앞을 보지 못하고, 자기가 옛 죄에서 깨끗해졌음을 잊어버린 사람입니다"(2베드 1:9).

다시 말합니다만, 영적장님은 자신이 장님인 사실 조차도 못 봅니다. 요한 묵시록의 라오디케이아의 교회에 보내는 편지에 이 사실을 잘 말해주고 있습니다. 영적장님은 스스로가 장님이라는 사실을 말해주듯이, "나는 부자로서 풍족하여 모자람이 없다"고 하지만 비참한 자신을 보지 못합니다. 그래서 "사실은 비참하고 가련하고 가난하고 눈멀고 벌거벗은 것을 깨닫지 못한다"고 그들에게 지적합니다(묵시 3:17).

예수께서는 율법학자들과 바리사이인들에게 다음과 같이 말씀하십니다:

> "불행하여라, 너희 위선자 율법학자들과 바리사이들아!…의로움과 자비와 신의처럼 율법에서 더 중요한 것들은 무시하기 때문이다. 그러한 십일조도 무시해서는 안 되지만, 바로 이런 것들을 실행해야만 했다…. 눈먼 바리사이야! 먼저 잔 속을 깨끗이 하여라. 그러면 겉도 깨끗해질 것이다….속은 죽은 이들의 뼈와 온갖 더러운 것으로 가득차 있는 회칠한 무덤 같기 때문이다. 이처럼 너희도 겉은 다른 사람들에게 의인으로 보이지만, 속은 위선과 불법으로 가득하다."
>
> (마태 23:22 – 27)

> "눈 먼이가 눈 먼이를 인도하면 둘 다 구덩이에 빠질 것이다."
>
> (마태 15:14; 루카 6:39)

> "위선자야 먼저 네 눈에서 들보를 빼내어라. 그래야 네가 형제의 눈에 있는 티를 뚜렷이 보고 빼낼 수 있을 것이다."
>
> (루카 6:42)

요한 복음에는 영적장님을 빛과 어두움의 틀 안에서 고찰하고 있습니다. 사랑과 빛은, 사랑의 결핍과 어두움에 대항하는 동반자입니다(1요한 2:11 참조). 예수께서는 이사야서(6:10)의 구절을 인용하십니다:

"주님이 그들의 눈을 멀게 하고
그들의 마음을 무디게 하였다.
이는 그들이 눈으로 보고
마음으로 깨닫고서는 돌아와
내가 그들을 고쳐 주는 일이 없게 하려는 것이다."
(요한 12:40)

고린토인들에게 보낸 첫째 편지에서, 바울로 성인은 고린토(Corinth)의 그리스도인들에게 그들의 교만함과 그들의 잘난체하는 점을 강조하면서 심하게 비판합니다. 로마 제국이 주전 146년에 고대 그리스의 도시인 고린토를 멸망시켰습니다. 그 후 줄리어스 시저(Julius Caesar) 황제가 도시를 재건한 후, 이 도시는 다양한 국적을 가진 많은 사람들이 모여 사는 중요한 항구 도시이자 국제 도시가 되었습니다.

바울로는 한 크로에(Chloe)인으로부터 고린토인들의 문제에 관해서 들었기 때문에 그들에게 편지를 쓰게 되었습니다. 고린토의 그리스도인들은, 바오로가 보낸 먼젓번 편지(분실되어 전해 내려오지 않음)의 내용에 관해 그들이 오해를 불러일으킨 것을 비롯하여, 그들의 부도덕한 생활, 서로들간의 분열과 법적 문제, 성찬례와 기도회의 내용과 절차에 대한 혼돈, 타인에 대한 무자비 등과 같이 수많은 문제점 속에서 잘못된 생활을 하면서도, 그들 자신을 "영적인" 사람으로 생각했기 때문입니다.

바오로는 고린토인들에게 보낸 첫째 편지의 제4장, 5장 그리고 6장에서, 그들이 자만심에 차서 허세부리는 행동과 또한 그러한 행동의 결과에 대하여 서술합니다. 고린토의 그리스도인들은 잘난체하며 우쭐댔습니다(4:6, 18-19; 5:2; 8:1; 13:4). 그들은 그들 자신을 영적인(그리스어로 *pneumatikoi*) 사람으로 생각했으나, 정말이지 그들의 속은 부푼 공기(그리스어로*phousiousthe*)로 차서 우쭐대는 격이었습니다. 사실 그리스 말에 *phousiousthe*란 단어는 '허세를 부리는'을 의미합니다. 좀 속된 말로 바울로는 그리스어의 이 두 단어, "영적인" 것과 "허세 부리는" 것을 가지고 그들에게 말장난을 합니다. 바울로는 고린토인들에게 그들 자신이 영적인 사람이라고 생각하는 것을 지적합니다. 실제로 그들 마음속에 차있는 정신은 성령이 아니라 (뜨거워져) 부푼 공기입니다. 그들은 영적인 사람들이 아니라 자만심으로 가득 차서 허세 부리는 사람들입니다.

고린토인들에게 보낸 이 편지 내용의 '자만심으로 가득 차서 허세 부린다'는 말은 은유적인 수사의 역할을 합니다. 그 표현은 자만심으로 부풀어 허세부리는 것을 의미하며, 자기 중심적이고 잘난체하고 거만한 사람을 일컬을 때 사용합니다. 바울로는 자신을 훌륭하고 기풍 당당한 (영적으로 찬) 사람이라고 여기는 고린토의 그리스도인들을 놀라게 해주고 싶어합니다. 그는 고린토인들에게 분명히 말합니다. 그들은 결코 올바른 정신으로 차있는 사람과는 거리가 먼, 자만으로 가득 찬 사람이라고.

그리고 그들이 그러한 사람들이다 보니 의심할 여지없이 고린토의 그리스도인들은 자신의 비참한 모습을 못 보는 눈먼 장님일 수밖에 없습니다. 그들은 심각한 영적장님입니다. 유태인들이 그랬을 뿐 아니라 그리스도인들도 마찬가지로 잘 난 체하고 허세 부리고 자만심에 찬 눈먼 사람이 될 수 있는 것입니다.

신약성서 특히 요한 복음에서, 육체적으로 눈 못 보게 된다는 것은 하나의 은유적 또는 상징적 차원의 의미를 갖습니다. 태어날 적부터 앞 못 보는 사람을 고친 후 바리사이인이 그것을 믿으려고 하지 않자 예수께서 그에게 이렇게 말씀하십니다: "나는 이 세상을 심판하러 왔다. 보지 못하는 이들은 보고, 보는 이들은 눈 먼자가 되게 하려는 것이다."(요한 9:39). 그 바리사이인이 예수님에게 그러면 우리들도 눈이 멀었단 말이요 라고 묻자, 그분은 이렇게 답하십니다: "너희가 눈먼 사람이었으면 오히려 죄가 없었을 것이다. 그러나 지금 너희가 '우리는 잘 본다.'하고 있으니, 너희 죄는 그대로 남아있다." (요한 9:41).

성서에서는 메시아적 구원을 눈 먼 사람을 치유하여 빛을 보게 하는 것으로 설명하는데, 이와 관련하여 예수님은 다음과 같이 이사야서(61:1-2)를 인용하십니다: "주님께서 나를 보내시어...눈 먼 이들을 다시 보게 하고…"(루카 4:18-19). 그리고 요한 묵시록에서는, 눈이 먼 라오디케이아의 교회를 향해 "나에게서...안약을 사서 눈에 발라 제대로 볼 수 있게 하여라."(묵시 3:18)라고 충고를 하십니다. 주님은 나에게 그분의 자비를 받아들이기를 원하십니다. 문고리는 내 쪽으로 달려있습니다. 내가 열기만 하면 됩니다.

영적으로 눈이 먼 사람은 회개의 은총과 하느님의 자비를 통해서 치유가 가능합니다. 토마스 아퀴나스 성인(Saint Thomas Aquinas, 1225?-1274)은, 영적으로 눈이 먼 사람은 하느님의 자비 만이 치유할 수 있다고 말합니다.[5] 영적으로 눈이 멀어진다는 것은 악마에 집착하고 하느님의 빛을 거부할 때 일어납니다. 하느님은 마음에 심각한 장애가 있는 사람에게 당신 은총의 빛을 멈추시는데, 우리가 하느님께서 영적장님으로 만드시는 분이라고 부를 때는 단지 그러한 의미에서 입니다.[6] 주님 자비의 수용은 자신이 죄인임을 인정하기에 달려있습니다.

---

5 신학대전: *Summa Theologiae* I-II, q.79, art.4

6 같은 책, I-II, q.79, art.3

나의 허약함 안에서 찬미함

유산을 가지고 가출하여 가진 돈을 다 써버리고 빈곤과 불행에 처하게 되자 결국에는 후회하면서 집으로 돌아와 아버지의 용서를 받는 탕아의 비유에서 예수님은, 자신의 죄스러움과 비통함을 인정하는 죄인에 대한 아버지의 태도 – 하느님 아버지의 태도 – 에 관해서 말씀하십니다. 그리고 예수께서는 두 아들 중에 형에 관한 이야기, 즉 집으로 돌아온 동생을 아낌없는 용서로 반갑게 맞이하며 축하하는 아버지에게 분노하는 형에 관한 이야기를 줄거리에 덧붙이십니다. 두 아들의 차이점은, 동생은 가장 비천한 처지에 놓이게 되어 자신이 누구인지를 즉 자신이 불쌍한 죄인이라는 사실을 알고 있는 반면, 형은 자신을 착하고 소중한 사람이라고 생각하면서 자신도 역시 불쌍한 죄인이라는 사실을 모르고 있습니다.

주님 앞에서 내가 스스로의 가난함을(또는 부족함) 발견할 때 나는 그분의 총애를 받습니다. 내가 자신이 불쌍한 죄인임을 그리고 죄로 점철된 자신의 비참함을 인정하고 그분에게로 향할 때, 자비에 찬 모습으로 나를 기다리는 그분을 만날 것입니다. 내가 주님의 마음에 다가갈 수 있는 기회를 갖게 됩니다.

주님은 내가 나약하고 내가 죄인임에도 불구하고 나를 사랑하시는 것은 아니지만, 부분적으로는 바로 그 사실 때문에 나를 사랑하십니다. 나의 나약함과 죄로 점철된 모습이 (내가 인정할 때) 주님의 사랑으로 통하는 길을 내 안에 형성시켜줍니다. 그분의 사랑은 자비심에 찬 그리고 아낌없이 용서하는 마음 그 자체입니다. 자비심은 주님의 나에 대한 사랑의 총체적 요소 중에 하나입니다. 그분의 나에 대한 사랑은 어떠한 조건을 전제로 하는 것이 아니기 때문에, 그분은 내가 그분의 사랑을 받기 위해서 더 나은 인간이 되어야 한다고 요구하시지 않습니다. 그분께서는 지금 이 순간에도 최선을 다해 나를 사랑하고 계십니다. 어떠한 조건도 어떠한 자격도 요구하지 않고 사랑하십니다.

그래서 나는 바울로 성인과 함께, 나는 허약한 상태에서, 나의 죄로 점철된 상태에서, 나의 약점 안에서 그분을 찬미할 수 있습니다. 왜냐하면 하느님의 자비와 용서에 찬 사랑이 나의 모든 약점을 완전하게 만들기 때문입니다. 이것이 바로 내적치유의 시작입니다.

기도

주님이신 예수님, 당신은 저를 속속들이 알고 계십니다. 당신은 저의 좋은 점과 나쁜 점을 알고 계십니다. 당신은 저의 과거를 다 알고 계시고 또한 무엇이든 꿰뚫어 보고 계십니다. 당신은 저의 미래를 알고 계시고 미래에 일어날 일을 보고 계십니다. 당신께서는 어떤 조건이나 자격도 묻지 않으시고 바로 이대로의 저를 사랑하십니다.

당신은 저를 나무라지 않으십니다. 당신은 저를 판단하시지 않습니다. 당신은 저를 용서해주십니다. 당신은 저를 당신을 제외한 이 세상에 살았던 유일한 인간으로 생각하시고 저를 위해 십자가 위에서 돌아가셨습니다. 그리고 당신께서 필요하다고 판단하실 때는 언제라도 다시 그렇게 하시리라는 것을 알고 있습니다. 당신은 저의 이름을 부르시며 저를 사랑하고 계십니다.

예수님, 저의 자존심과 자만으로부터 해방시켜주시고 또한 이 세상의 영예와 명성을 추구하고 다른 사람의 배려와 칭찬을 쫓는 유혹으로부터 저를 해방시켜 주십시오. 저에게 겸손을 가르쳐주십시오.

주님, 저를 영적으로 눈이 멀게 하는 어떠한 부족함과 약점도 치유해주셔서, 제 믿음의 눈으로, 제 마음의 눈으로 당신의 얼굴을 쳐다볼 수 있게 해주십시오. 사랑을 통하여, 특히 저를 사랑하시는 당신 마음속의 강력하고 몸소 베푸시는 그 사랑을 통하여 당신을 이해할 수 있도록 가르쳐 주십시오.

저를 언제나 사랑하시는 당신에게 감사와 찬미를 드립니다. 아멘.

제 3 장

주님께 울부짖음

십자가 위에서 예수님은 하느님 아버지께, "엘로이, 엘로이, 레마 사박타니?"("저의 하느님, 저의 하느님, 어찌하여 저를 버리셨습니까?" 마르 15:34; 마태 27:46)라고 울부짖으셨습니다. 예수님은 마음속으로부터 우러나오는 기도로 당신의 느낌을 표현하십니다. 예수께서는 완전히 기진하여 돌아가시는 순간 말로 기도를 표현하실 수 없었기 때문에, 기억하고 계시던 기도문에 의지하여 시편 22장 2절을 외치셨던 것입니다. 시편 22장은 예수님의 수난을 예언이라도 하듯 십자가위에 달리신 예수님의 상황에 너무나 잘 맞는 기도문입니다:

"저는 인간이 아닌 구더기
사람들의 우셋거리, 백성의 조롱거리,
저를 보는 자마다 저를 비웃고
입술을 비쭉거리며 머리를 흔들어 댑니다.
'주님께 맡겼으니 그분께서 그자를 구하시겠지.
그분 마음에 드니 그분께서 구해 내시겠지.' (7-9)

악당의 무리가 저를 둘러싸
제 손과 발을 묶었습니다….(17)
제 옷을 저희끼리 나누어 가지고
제 속옷을 놓고서는 제비를 뽑습니다."(19)

복음서의 저자들은 성서를 완성시켜갈 때 예수께서 수난을 겪고 돌아가실 것을 미리 알고, 시편 22장의 재현을 의식적으로 지적하고 있습니다. 그러나 이것만으로는 예수님의 입술을 통해 나온 고통에 찬 기도를 설명하기에 충분하지 않습니다. 예수님은 예언 말씀이 실현되는 것을 보이시기 위해서가 아니라, 하느님께 울부짖기 위해 기도하신 것입니다. 예수님은 탄식하시고 불평하시고 절망이 아닌 극도의 고통 속에서 하느님 아버지에게 구원을 청하며 절규하십니다. 예수님의 절규에 대한 응답인 구원은 부활을 통해서 이루어 집니다.

시편 22장은 탄원기도의 하나이며 유감스럽게도 천주교 신앙에서 무시되어왔습니다.[7]

탄식의 시편

시편 중에 일부는 한탄(lamentation) 즉 탄원 기도(prayer of lament)로 되어 있으며, 그것들은 우리가 고통을 겪을 때 본능적으로 기도하게 되는 방식을 나타냅니다. 그 구조는 보통 하느님을 향하여 외치는 구절로 시

7 Claus Westermann의 "구약성서 신학 안에서의 탄식의 역할"을 참고할 것: The Role of the Lament in the Theology of the Old Testament, *Interpretation* 28, 20-38, 1974.

작합니다:

"저의 하느님, 저의 하느님"　　(시편 22:2)

"하느님, 저를 구하소서."　　(시편 69:2)

"하느님, 당신 자애에 따라
저를 불쌍히 여기소서"　　(시편 51:3)

"하느님, 어찌하여
마냥 버려두십니까?"　　(시편 74:1)

"야훼여, 깊은 구렁 속에서
당신을 부르오니"　　(시편 130:1)

"암사슴이 시냇물을
그리워 하듯
하느님, 제 영혼이 당신을
이토록 그리워 합니다."　　(시편 42 – 2)

시편 102장은 더 긴 서문으로 시작합니다:

"주님 제 기도를 들으소서,
제 부르짖음이 당신께 다다르게 하소서.
제 곤경의 날에

당신 얼굴을 제게서 감추지 마소서.

제게 당신의 귀를 기울이소서.

제가 부르짖는 날 어서 대답하소서."　　(2-3)

그리고 서문 다음에는, 상황에 대한 설명 즉 고민의 자세한 내용을 하느님에게 설명하고, 탄식하고, 불평하는 순으로 이어집니다. 예를 들어 시편 22장은 다음과 같이 계속 됩니다:

"어찌하여 저를 버리셨습니까?

소리쳐 부르건만 구원은 멀리 있습니다.

저의 하느님, 온 종일 외치건만 당신께서 응답하지 않으시니

저는 밤에도 잠자코 있을 수 없습니다."　　(2-3)

그리고 이 탄원기도는, 고통 겪는 처지를 상세히 서술하기 위하여 계속 됩니다:

"저는 물처럼 엎질러지고…

저의 힘은 옹기 조각처럼 마르고…

당신께서 저를 죽음의 흙에 앉히셨습니다."

(시편 22:15-16)

"그분 앞에 내 근심을 쏟아 붓고

내 곤경을 그분 앞에 알리네."

(시편 142:3)

"제 마음이 속에서 뒤틀리고
죽음의 공포가 제 위로 떨어집니다."

(시편 55:5)

"저를 까닭 없이 미워하는 자들이…
제가 빼앗지도 않았는데
물어내라 합니다."

(시편 69:5)

"당신께서 땅을 뒤흔드시어 갈라 놓으셨습니다.
그 갈라진 틈들을 메워주소서. 흔들립니다."

(시편 60:2)

"당신의 손이 저를 누릅니다.
당신의 노여움으로 제 살은 성한데 없고…."

(시편 38:2-3)

그리고 시편 69장에서도 고통 받는 처지를 상세히 서술하는 탄식으로 시작합니다:

"하느님 저를 구하소서.
목까지 물이 들어찼습니다.
깊은 수렁에 빠져
발 디딜 데가 없습니다.
물속 깊은 곳으로 빠져

물살이 저를 짓칩니다.
소리 지르느라 지치고
저의 목도 쉬었습니다.
저의 하느님을 고대하느라
제 두 눈마저 흐려졌습니다."
(시편 69:2-4)

예수께서 돌아가실 즈음 대사제의 신분에 있었던 가야파라는 사람의 집이 예루살렘에 있습니다. 그기에는 사형집행 전까지 죄수를 가두어두던 감방이 있습니다. 우리는 예수님이 당신의 마지막 날 밤을 그 가야파의 집에 있는 지하 감방에서 보내신 것을 알고 있습니다(요한 18:28). 그날 밤 예수님은, 시편 88장에 나오는 탄원기도로 당신 마음속의 고통을 하느님 아버지에게 당연히 절규하셨을 것입니다:

"주님, 제 구원의 하느님…
밤에도 당신 앞에 서 있습니다.
제 기도가 당신 앞까지 이르게 하소서.
제 울부짖음에 당신의 귀를 기울이소서.
제 영혼은 불행으로 가득 차고
제 목숨은 저승에 다다랐습니다….
저는 죽은 이들 사이에 버려져
마치 무덤에 누워 있는
살해된 자들과 같습니다.
당신께서 더 이상 기억하지 않으시어
당신의 손길에서 떨어져 나간 저들처럼 되었습니다….

당신께서 벗들을 제게서 멀어지게 하시고
저를 그들의 혐오거리로 만드셨으니
저는 갇힌 몸, 나갈 수도 없습니다….
당신에 대한 무서움을 짊어진 채 어찔 줄 몰라 합니다.”

(시편 88:2-6)

시편 44장을 보면, 시편 저자가 자기 안에서 발견한 고통들을 어느 정도 상세히 서술하고 난 후, 하느님에게 심한 불평을 늘어놓은 다음 마침내, “깨어 나소서, 주님, 어찌하여 주무십니까? 잠을 깨소서, 저희를 영영 버리지 마소서!”(24절)하고 부르짖고 있습니다.

울부짖고 탄식하며 불평을 늘어놓고 나면, 시편을 기도하는 자는 항상 주님을 신뢰하게 됩니다. 거의 대부분의 경우 주님에 대한 신뢰는, 더 이상 감정에 구애 받지 않은 결의에 찬 행동으로 나타나게 됩니다. 그래서 시편의 저자는 비록 기분이 더 나아지지 않더라도, 하느님께 더욱 매달리겠다고 말합니다:

“내 영혼아 어찌하여 녹아내리며
내 안에서 신음하느냐?
하느님께 바라라. 나 그분을 다시 찬송하게 되리라,
나의 구원, 나의 하느님을.”

(시편 42:6-7)

“그러나 당신은 거룩하신 분,
이스라엘의 찬양 위에 좌정하신 분,
저희 선조들은 당신을 신뢰하였습니다.

신뢰하였기에 당신께서 그들을 구하셨습니다.
당신께 부르짖어 구원을 받고
당신을 신뢰하여 부끄러운 일을 당하지 않았습니다."

(시편 22:4-6)

"나 주님께 바라네.
내 영혼이 주님께 바라며
그분 말씀에 희망을 두네.
파수꾼이 아침을 기다리기보다
내 영혼이 주님을 더 기다리네."

(시편 130:5-6)

이와 같이 확신은 탄원기도에서 구체화됩니다. 극단적인 고통은 아직 남아 있지만 절망의 단계는 이미 지났습니다. 어느 정도 진정이 되고 나면 주님에 대한 깊은 신뢰로 더욱 차분한 마음이 되어, 시편 저자들은 다음과 같이 재촉합니다:

"저의 힘이시여, 어서 저를 도우소서." (시편 22:20)

"심연이 저를 삼켜 그 입을 다물지 못하게 하소서."

(시편 69:16)

"감옥에서 저를 빼내 주소서."

(시편 142:8)

"당신의 의로움으로 제 영혼을 곤경에서 이끌어 내소서."

(시편 143:11)

"당신은 저의 주님.

당신 이름을 생각하시고 저를 위하여 행하소서….

저는 가련하고 불쌍하며

제 마음은 속에서 구멍이 뚫렸습니다."

(시편 109:21-22)

탄원의 시편은 하느님께 울부짖고, 불평하고, 신뢰하고, 간청합니다. 일반적으로 탄원의 시편은 주님의 구원사업을 우리에게 실현해 보이겠다는 하나의 서약으로 끝을 맺습니다.

"제 혀가 당신의 의로움에 환호하오리다."

(시편 51:16)

"나는 하느님의 이름을 노래로 찬양하리라."

(시편 69:31)

"제가 당신께 노래할 때

제 입술이 기뻐 뛰고

당신께서 구하신 제 영혼도 그러하리이다

저의 혀도 온 종일

당신의 의로움을 이야기하리니…"

(시편 71:23-24)

“나는 주님을 내 입으로 한껏 찬송하고
많은 이들 가운데에서 그 분을 찬양하리니
불쌍한 이의 오른쪽에 서시어
그를 판관들에게서 구원하시기 때문일세.”
(시편 109:30-31)

그래서 탄원의 시편은 탄식으로 끝나지 않습니다. 하느님에게 불평을 늘어놓지만 곧 이어 모든 고통을 없애주실 수 있는 그분에게 호소함으로써 자기연민으로 기우는 감정을 극복하고 있습니다. 불평하는 가운데 확신에 찬 의탁으로 주님께 향하게 되어 구원을 청하게 됩니다. 탄원의 시편은 하느님에게 그분의 내적치유 능력에 대한 감사와 찬미를 드리는 것으로 끝맺음하는, 치유를 위한 기도문입니다. 이와 같이 마지막에 감사와 찬미의 노래로 끝을 맺는 것으로 보아, 기도 중에 이미 내적변화가 일어나고 또한 치유가 시작되고 있음을 알 수 있습니다.

구약성서에 기록된 탄원기도

탄원의 시편은 구약성서의 전통적 탄식의 핵심이 되는 부분을 이루고 있으며, 대부분 극도로 승화된 표현들로 이루어져 있습니다. 탄원기도는 구약성서를 통틀어 전통적 기도 양식의 총체적 일부이기도 합니다. 구약성서의 경신사상(piety)을 이루는 두 기본 부류인 계약(covenant)과 탈출(exodus)은, 이스라엘 백성들이 하느님에게 애원할 수 있는 권한을 부여합니다. 왜냐하면 하느님은 그들의 하느님이고, 그들은 하느님의 백성이라고 믿기 때문입니다. 이러한 사상이 하느님을 향한 탄식을 구원의 첫번째 단계로 자리잡게 합니다. 출애굽기는 백성들의 울부짖음에 대한 주님의 응답으로 시작하고 있습니다.

아마도 성서 안에서 가장 오래된 구절로 고대 예배문 형식이 분명한 신명기 26장 5-10절은, 감사기도의 형식을 취한 출애급의 체험을 요약한 내용을 담고 있습니다:

> "저희 조상은 떠돌아다니는 아람인이었습니다. 그는 몇 안 되는 사람들과 이집트로 내려가 이방인으로 살다가, 거기에서 크고 강하고 수가 많은 민족이 되었습니다. 그러자 이집트인들이 저희를 학대하고 괴롭히며 저희에게 심한 노역을 시켰습니다. 그래서 저희가 주 저희 조상들의 하느님께 부르짖자, 주님께서는 저희의 소리를 들으시고, 저희의 고통과 불행, 그리고 저희가 억압당하는 것을 보셨습니다. 주님께서는 강한 손과 뻗은 팔로, 큰 공포와 표징과 기적으로 저희를 이집트에서 이끌어 내셨습니다. 그리고 저희를 이곳으로 데리고 오시어 저희에게 이 땅, 곧 젖과 꿀이 흐르는 땅을 주셨습니다. 주님, 그래서 이제 저희가 주님께서 저희에게 주신 땅에서 거둔 수확의 맏물을 가져왔습니다."
>
> (신명 26:5-10)

탈출기의 첫 15장을 요약한 이 글은 탄원기도를 구약성서의 영성 안에 자리잡게 하며 그 중요성을 더욱 부각시키고 있습니다. "저희가 주 저희 조상들의 하느님께 부르짖자…"라는 구절은 출애굽기 그 자체가 그들이 드린 기도에 대한 응답임을, 하느님께 도와달라고 울부짖었던 절규에 대한 응답임을 확증해주고 있습니다.

구원을 위한 고뇌에 찬 울부짖음은 이스라엘과 하느님과의 관계에서 역사적인 사건 이상으로 중요한 부분을 차지합니다. 탄원은 하느님과 그분의 백성들 사이에 계약으로 이루어진 역사 안에서 일어난 사건의 중요한 부분을 차지합니다. 이스라엘의 역사를 통하여, 백성들은 수를 헤아릴 수 없을 정도로 거듭거듭 하느님에게 울부짖고, 야훼께서는 "억압하는 자들과 학대하는 자들 앞에서 터져 나오는 그들의 탄식을 들으시고, 주님께서 그들을 가엾이 여기셨기 때문입니다."(판관 2:18b).

그 형태는 항상 동일합니다: 고통과 고뇌에 빠진 백성들이 하느님에게 도와달라고 부르짖으면, 하느님께서는 그들의 울부짖음을 들으시고 그들을 고통으로부터 구출하여 새롭고 축복에 찬 상황으로 인도하십니다. 그리고 백성들은 주님에게 감사와 찬미를 드리며 주님 안에서 기뻐합니다. 카인이 "그 형벌은 제가 짊어지기에 너무나 큽니다."하고 하느님에게 하소연하자, 하느님께서는 "아니다. 카인을 죽이는 자는 누구나 일곱 갑절로 앙갚음을 받을 것이다."라고 답을 하시고 그에게 구원의 징표를 내려주십니다(창세 4:13-15). 하갈과 그의 아들이 탄원하자, 하느님께서는 아이의 울음소리를 들으시고 하갈을 안심시킨 후 하느님께서는 그 아이와 함께 계셨습니다. 그 후 아이는 자라서 광야에 살며 활잡이가 되었습니다.(창세 21:20). 삼손이 목이 몹시 말라 야훼께 부르짖자, 하느님께서 우묵하게 패인 장소에서 물이 터져 나오게 하십니다. 그리고 삼손이 그 물을 마시자 정신이 들어 되살아 났습니다(판관 15:18-19). 형제 지파인 벤야민 가문을 없애기 위해 치열한 전쟁을 해야 했던 이스라엘군이 마음 아파하며 하느님 앞에 목놓아 하소연하자(판관 21:2), 하느님께서는 그들의 기도에 응답해주십니다. 아이를 가질 수 없던 한나는 마음이 아파 흐느껴 울며 하느님에게 애원합니다. 그러자 주님께서 한나를 기억해 주셨습니다: "때가 되자 한나가 임신하여 아들을 낳았다. 한나는 '내가 주님께 청을 드려 얻었다' 하면서, 아이의 이름을 사무엘이라 하였다"(1사무 1:10-20). 사무엘은 사람들에게 하느님께서 사울을 그들의 왕으로 보내주셨음을 설명하면서, 이스라엘이 울부짖고 하느님의 구원을 받았던 시간들을 되새겨 봅니다: "여러분의 조상들이 주님께 울부짖자, 주님께서 모세와 아론을 보내시어 여러분의 조상들을 이끌어내게 하시고…그리고 주님께서는 여루빠알과 바락, 입타와 사무엘을 보내시어, 사방에서 에워싼 원수들의 손에서 여러분을 빼내주시고, 안전하게 살 수 있게 해 주셨소."(1사무 12:8-11). 솔로몬은 성전을 봉헌하는 기도를 드리면서 하느님에게, 성전 안에서 백성들이 바치는 탄원을 들으시고 그들의 죄를 용서해주시고, 그들을 고뇌로부터 해방시켜 다시 행복한 생활로 돌아갈 수 있게 해달라고 간청합니다(2역대 6:24-31).

개인적인 탄원의 두드러진 예는 욥기에서 찾아볼 수 있습니다. 욥의 탄원은 야훼 하느님에게 늘어놓은 통절한 불평으로 이루어져 있습니다. 욥은 그의 고통이 죄에 대한 응징이거나 또는 다른 합당한 해명이 있을 거라는 친구의 생각을 무시합니다. 그는 자신의 상황을 달리 이해할 방법이 없습니다. 그에게는 너무나 어처구니 없는 일이며, 친구의 철학적 논증도 귀에 더욱 거슬릴 뿐입니다. 마침내 하느님께서 욥에게 응답하시자, 욥은 자신에게 주어진 헤아릴 수 없이 신비한 일들에 대해 영문도 모르고 함부로 지껄였음을 겸손 되이 아뢰면서, "먼지와 잿더미에 앉아 뉘우칩니다."(욥 42:1-6). 그러자 주님께서 욥이 전에 소유하였던 것을 갑절로 더해 주셨습니다(욥 42:10). 백성과 국가를 위한 탄식은 흔히 볼 수 있는 탄원기도의 한 형태입니다. 시편 79장과 80장은 이스라엘의 국운에 대한 탄원의 시편으로, 백성들은 하느님께서 당신의 영광을 위하여 그들에게 자비와 해방을 주시고(79:9), 이젠 노여움을 거두시고(79:5, 80:5) 그분의 밝은 얼굴을 보여주시어 그들을 구원해주시기를(80:4, 8, 20) 간구하고 있습니다. 출애굽기는 백성들의 울부짖음을 주님께서 귀담아 들어주시도록 애원하는 구절로 시작합니다:

"주님께서 말씀하셨다. '나는 이집트에 있는 내 백성이 겪는 고난을 똑똑히 보았고, 작업 감독들 때문에 울부짖는 그들의 소리를 들었다.'"

(탈출 3:7)

그들의 울부짖음은 이집트를 탈출하는 동안 백성들이 불평을 늘어놓는 형식으로 계속됩니다. 국가를 위한 탄원기도는 이스라엘의 역사를 통하여 빈번히 바쳐졌으며, 그들은 원수들의 세력과 천재지변으로부터의 구원과 이스라엘의 재건을 위하여 간구합니다. 예로, 유다 백성들은 주님께 다음과 같이 하소연합니다:

"하늘에서 굽어보소서….당신의 열정과 당신의 위력이, 당신의 연민과 당신의 자비가 어디에 있습니까?"

(이사 63:15, 기도의 전문은 이사 63:15-64:12 참조할 것)

국가를 위한 탄원기도의 한 특별한 형태는 중재자(예언자)들에 의해 쓰여진 백성들을 위한 기도문입니다. 중재자들은 그들의 백성을 대신하여 하느님에게 하소연하고, 탄원기도에 대한 하느님의 구원의 응답을 전해주는 역할을 하였습니다. 탈출기에서 모세는 하느님에게 탄식하고 불평하며 하느님의 백성을 위해 다음과 같이 기도합니다:

"주님, 어찌하여 당신께서는 큰 힘과 강한 손으로 이집트 땅에서 이끌어 내신 당신의 백성에게 진노를 터뜨리십니까? 어찌하여 이집트인들이, '그가 이스라엘 자손들을 해치려고 이끌어 내서는, 산에서 죽여 땅에 하나도 남지 않게 해 버렸구나.'하고 말하게 하시렵니까?"

(탈출 32:11-12)

탄원기도는 계속됩니다: "그러자 주님께서는 당신 백성에게 내리겠다고 하신 재앙을 거두셨다."(탈출 32:11-14, 참조; 신명 9:25-29, 탈출 32:30-32, 탈출 33:12-19, 민수 11:1-23, 12:13, 14:11-19, 여호 7:6-9). 기드온은 주님께서 너와 함께 하신다고 말하는 주님의 천사에게 불평합니다:

"'외람된 말씀입니다만, 주님께서 저희와 함께 계시다면, 어째서 이 모든 일을 겪고 있단 말입니까?…주님의 그 놀라운 일들은 다 어디에 있습니까?' 주님께서 기드온에게 돌아서서 말씀하셨다. '너의 그 힘을 가지고 지니고 가서 이스라엘을 미디안족의 손아귀에서 구원하여라. 바로 내가 너를 보낸다.' 그러자 기드온이 말하였다.; 나리, 외람된 말씀입니다만, 제가 어떻게 이스라엘을 구원할 수 있단 말입니까? 보십시오, 저의 씨족은 므나쎄 지파에서 가장 약합니다. 또 저는 제 아버지 집안에서 가장 보잘것없는 자입니다.' 그러나 주님께서는, '내가 정녕 너와 함께 있겠다….'"

(판관 6:13-16)

다윗은 자신의 죄로 말미암아 백성들이 전염병으로 괴로워 하는 모습을 보고 하느님께 아룁니다:

"제가 바로 죄를 지었습니다. 제가 못된 짓을 하였습니다. 그러나 이 양들이야 무슨 잘못이 있습니까?"

(1사무 24:17)

그가 번제와 친교제를 지내자 전염병의 화를 면하게 됩니다. 예루살렘

성전에서 저녁 향을 태우고 있을 때, 유딧은 땅에 엎디어 그녀의 백성을 위하여 아름다운 애원의 기도로 하느님에게 큰소리로 외칩니다:

> "그때의 일, 그 앞의 일과 그 뒤의 일은 모두 당신께서 하신 것입니다. 당신께서는 현재와 미래를 계획하셨습니다. 당신께서 뜻하신 것은 그대로 이루어졌습니다. 당신께서 원하기만 하시면 무엇이든지 앞으로 나와 '예, 여기 있습니다.'하고 말하였습니다….
>
> 당신은 오히려 미천한 이들의 하느님, 비천한 이들의 구조자, 약한 이들의 보호자, 버림받은 이들의 옹호자, 희망 없는 이들의 구원자이십니다….당신의 상속 재산 이스라엘의 하느님,…당신께서 만드신 모든 피조물의 임금님, 부디, 부디 저의 기도를 귀담아 들어주십시오.
>
> (유딧 9:5-6, 11-12)

그러자 하느님께서는 그녀로 하여금 이스라엘을 승리로 이끌어 구원해주시고, 유딧은 감사와 찬미의 노래로 하느님을 찬양합니다(유딧 15:14-16:17). 다니엘은 하느님을 찾아 다니며 "단식하고 자루옷을 두르고 재를 쓴 채, 기도와 간청으로 탄원하려고" 주 하느님께 얼굴을 돌렸습니다"(다니 9:3-19). 에즈라는 유배생활로부터 돌아와 이스라엘에 안착한 백성들을 위해 간청합니다(에즈 9:1-2, 느헤 9:6-37). 공동체를 위하여 바친 탄원기도 가운데 가장 아름다운 기도 중의 하나는 예레미야의 탄원기도에 나오는 마지막 장으로, 화해와 내적치유를 위한 기도로 끝을 맺습니다:

> "오, 애통합니다, 저희가 죄를 지었으니!
> 이 때문에 저희의 마음은 괴롭고

이런 것들 때문에 저희의 눈은 어두워졌습니다.
폐허가 되어
여우들이 나돌아 다니는 시온 산 때문입니다.
그러나 주님, 당신께서는 영원히 좌정하여 계시고
당신의 어좌는 세세 대대로 이어집니다.
어찌하여 저희를 끝내 잊으려 하십니까?
어찌하여 저희를 영영 버리려 하십니까?
주님, 저희를 당신께 되돌리소서, 저희가 돌아가오리다.
저희의 날들을 예전처럼 새롭게 하여 주소서
정녕 저희를 물리쳐 버리셨습니까?
저희 때문에 너무도 화가 나셨습니까?"

(애가 5:16–22)[8]

중재자(예언자)들이 기도하고 울부짖어 백성들은 구원을 받게 되므로, 아무튼 그들은 구원사업의 일부를 담당한 셈입니다. 이는 이사야서의 "주님의 종"에서 가장 잘 나타납니다. 그 죄없는 종은 이스라엘의 불평에 대해, "주님께서 나를 버리셨다. 나의 주님께서 나를 잊으셨다."(이사 49:14)고 답하며 그들에게 위안과 희망의 메시지를 줍니다. 또한 그는 고통스러운 청원 기도로, 많은 이들의 죄를 메고 갔으며 무법자들을 위하여 죄를 빌었습니다(이사 53:12).

예수님의 고난과 죽음도 "주님의 종"의 노래를 따라 자세히 재현되는데, 특히 예수께서 수난과 죽음을 예고하실 때 당신을 '주님의 종'과 동일시 하십니다. 구약성서를 통하여 오랜 전통을 보존해온 백성들을 위한 예언자

8 Anchor Bible Series: *Lamentation* (trans. by Delbert Hill, Doubleday, New York, 96, 1972) 을 번역하고 일부 내용을 수정하였음; 역주) 이 책에서는 『성경』을 인용하였음.

의 탄원기도는, 예레미야의 탄원과 이사야의 '주님의 종'의 둘째 노래에서 그 절정을 이루며, 목숨을 버리신 예수님의 중재자 역할 안에서 집대성됩니다.

탄원기도의 본질

구약성서에 수록된 탄원의 전통에는 우리가 주목해야 할 세 가지 요소가 있습니다. 첫째, 탄원은 '희망적(hopeful)'이어야 하며, 미래와 해방과 치유를 지향하는 희망의 탄원이어야 합니다. 과거의 잘못이나 실패에 얽매인 '애통과 후회의 탄원(a lament of mourning and regret)'이 되어서는 안되며, 고뇌로부터의 해방을 위하여 하느님께 외치는 '번뇌의 탄원(a lament of affliction)'이어야 합니다.

둘째, 탄원기도에는 어떠한 '이유(reason)'도 염두에 두지 말아야 합니다. 구원에 대한 어떠한 논란을 하려 들어도(특히 고통을 겪는 사람에게 유리한 기준에서) 안됩니다. 탄원을 통하여 오로지 주님의 자비만을 호소할 뿐입니다. 우리는 우리에게 필요한 것을 그분에게 보여드리고, 단지 그분에게 상처와 고통을 살펴주시도록 요청한 후, 그분의 사랑에 찬 자비와 믿음에 찬 연민으로 우리에게 역사해주시기를 청하기만 하면 됩니다. 주님께서는 당신 자신이 선하시고 당신 자신이 거룩하시기 때문에, 우리에게 역사하시는 것입니다.

"주 하느님이 이렇게 말한다. 이스라엘 집안아, 너희 때문에 내가 이 일을 하는 것이 아니다. 너희가 민족들 사이로 흩어져 가 거기에서 더

럽힌 나의 거룩한 이름 때문이다….그리고 너희에게 정결한 물을 뿌려, 너희를 정결하게 하겠다. 너희의 모든 부정과 모든 우상에게서 너희를 정결하게 하겠다. 너희에게 새 마음을 주고 너희 안에 새 영을 넣어 주겠다. 너희 몸에서 돌로 된 마음을 치우고, 살로 된 마음을 넣어 주겠다. 나는 또 너희 안에 내 영을 넣어주어…"

(에제 36:22-27)

이와 같이 우리가 도움을 청하며 울부짖을 때 그분은 단지 죄의 사함 뿐만 아니라, 육체적·내적 치유와 구원으로 응답하십니다.

마지막으로 탄원기도 중에 죄에 대한 한 구절이 언급되어야 합니다. 우리가 호소하는 구원의 대부분은 죄로부터의 구원이 아닙니다. 하지만 시편 51장의 "하느님, 당신 자애에 따라 저를 불쌍히 여기소서"와 다윗이 자기 죄의 용서를 빌었던 탄원기도(2사무 24:10)는, 종종 죄의 사함과 영적 치유를 위한 훌륭한 기도가 됩니다. 탄원기도는, 바로 이 '순간'의 구원을, 현재 생활에서의 도움을, 악의 세력으로부터의 자유를, 병자의 치유를, 그리고 기아와 목마름으로부터의 구원을 위해 기도해야 합니다. 이러한 요소들은, 치유기도에 대한 이해와, 예수 그리스도께서 우리를 위하여 고통받고 돌아가심으로써 이룩하셨던 구원의 의미를 깨닫는데 중요한 역할을 합니다.

신약성서에 기록된 탄원기도

복음 안에서 가장 공통된 탄원기도는, 예수님에게 치유를 구하며 드리는 간청입니다.

> “어떤 나병 환자가 예수님께 와서 도움을 청하였다. 그가 무릎을 꿇고 이렇게 말하였다. ‘스승님께서는 하고자 하시면 저를 깨끗하게 하실 수 있습니다.’ 예수님께서 가엾은 마음이 드셔서 손을 내밀어 그에게 대시며 말씀하셨다. ‘내가 하고자 하니 깨끗하게 되어라.’ 그러자 바로 나병이 가시고 그가 깨끗하게 되었다.”
>
> (마르 1:40-42)

가나의 여인은 악령이 들린 어린 딸을 낫게 해달라고 예수님에게 간청합니다(마르 7:25-30). 열 명의 나병 환자들이 “예수님, 스승님! 저희에게 자비를 베풀어 주십시오”하고 큰 소리로 외쳐댔던 것처럼(루카 17:12-19), 눈먼 거지인 바르티매오는 “다윗의 자손 예수님, 저에게 자비를 베풀어 주십시오”하고 거듭 외쳐댑니다(마르 10:46-52). 나자로가 죽은 뒤 마르타는 예수님께 “주님, 주님께서 여기에 계셨더라면 제 오빠가 죽지 않았을 것입니다. 그러나 하느님께서는 주님께서 청하시는 것은 무엇이나 들어주신다는 것을 저는 지금도 알고 있습니다”(요한 11:21-22).

종종 “탄원기도”는 단순히 침묵 중에 겪는 고통일 수도 있습니다. 열병에 걸린 베드로의 장모가 나았던 것처럼 육체적 치유의 경우와(마르 1:30-31), 친구들에 의하여 지붕에 뚫린 구멍으로 매달아 내려진 중풍환자가 치유와 죄 사함을 받았던 것처럼 영적·육체적 치유가(마르 2:3-12) 그것입니다. 예수께서는 나인의 과부를 보시고 측은한 마음이 들어, 울지 말라고 위로하신 뒤 죽었던 그녀의 아들을 일으켜 세우십니다(루카 7:12-15).

예수께서 기도에 관하여 가르치실 때, 믿음을 가지고 청할 것과 탄원기도에 대한 긍정적인 응답을 기대하면서 바치도록 격려하십니다(예로, 마태 6:7-13, 요한 16:23-24). 불공정한 재판관의 비유는, 하느님을 향해 울부짖는 기도의 바로 그 핵심이 되는 효능을 지적하고 있으며, 예수께서도 그 점을 분명히 말씀하십니다:

> "하느님께서 당신께 선택된 이들이 밤낮으로 부르짖는데 그들에게 올바른 판결을 내려주지 않으신 채, 그들을 두고 미적거리시겠느냐? 내가 너희에게 말한다. 하느님께서는 그들에게 지체 없이 올바른 판결을 내려 주실 것이다."
>
> (루카 18:7-8)

예수님 자신도 겟세마니 동산에서 깊은 번민 중에 계실 때나 십자가 위에서 시편 22장 2절을 기도하실 때, 비탄에 찬 마음으로 아버지이신 주 하느님에게 울부짖으십니다. 예수님의 다른 탄식들은, 구약성서에 기록된 전통적인 하느님의 탄식과 같은 맥락인 듯 합니다. 하느님께서는 특히 예레미야의 예언을 통하여 그분의 백성을 바라보며 탄식하십니다(8:5-7, 12:7-13, 15:5-9, 18:13-17 참고). 이사야서의 서두에 하느님께서는 "내가 아들들을 기르고 키웠더니 그들은 오히려 나를 거역하였다"라며 서운해 하십니다(1:2). 호세아서의 전체는 하느님께서 그분의 백성들을 향하여 한탄하신 내용을 바탕으로 합니다:

> "주님께서 호세아에게 말씀하셨다.
> '너는 가서 창녀와
> 창녀의 자식들을 맞아들여라.
> 이 나라가 주님에게 등을 돌리고

마구 창녀 짓을 하기 때문이다.'"

(호세 1:2)

하느님께서 당신의 백성을 내려다보며 지으신 한탄의 전통은, 이집트를 탈출하는 동안 모세에게 표현하신 실망과 분노와(예; 민수 14:11), 그 후 예언서를 통하여 계속 이어져 내려오다가, 인간이 되신 하느님의 탄식에서 마지막으로 표현되고 있는 것 같습니다. 예수께서는 예루살렘을 바라보며 통곡하십니다:

"암탉이 제 병아리들을 날개 밑으로 모으듯, 내가 몇 번이나 너의 자녀들을 모으려고 하였던가? 그러나 너는 마다하였다. 보라, 너희 집은 버려질 것이다."

(루카 13:34)

그리고 그분은 예루살렘에 닥칠 재앙에 대해서도 한탄하십니다(루가 21:23). 또한 예수님은 제자들이 부족한 믿음을 탄하시고(예: 마태 17:17), 회개하지 않는 도시들을 나무라십니다.

주님께 울부짖음

우리는 도움이 필요할 때 우리의 심정을 어떻게 표현할까 주저하지 말고, 우리의 고통이나 분노 공포 슬픔 등의 감정을 주님 앞에 솔직히 말씀드리면서, 주님을 향하여 부르짖을 수 있습니다. 우리가 주님에게 하소연하며 그분에게 다가갈 수 있는 한 가지 방법은, 시편이나 그 밖의 구약성서에 있는 탄원기도를 택한 뒤, 현재에 처한 자신의 심정과 연관시켜 천천히 기도문을 낭송하는 것입니다. 또 다른 한 방법은, 탄원의 시편 구조에 따라 여러분 각자의 표현으로 기도 드리는 것입니다:

1. 하느님을 큰 소리로 외쳐 부르십시오. 예를 들어,
   "다윗의 자손이신 예수님, 저에게 자비를 베풀어 주십시오" 나
   "하느님, 구렁텅이에서 당신께 울부짖사옵니다."라고 외치십시오.
2. 탄식과 불평으로, 하느님에게 여러분의 심정을 토로하십시오.
3. 하느님께서 몸소 베푸시는 사랑과 그분의 구원의 능력에 대한 신뢰와 확신을 가지십시오.
4. 자신의 구원이나 치유를 위해 또는 여러분이 기도 드리고있는 그 사람에게 하느님의 도움이 닿을 수 있도록 간구하십시오.
   탄원기도 중에 지향하는 도움의 종류를 명백히 설명하면서 구하는 것은 좋은 생각입니다.
5. 주님에게 그분의 자비와 사랑에 찬 구원의 능력에 대하여 감사와 찬미를 드리십시오.
   자신이 청한 기도의 응답을 확신하고 기대하면서, 찬미와 감사를 미리 드리는 형식이 될 수 있습니다.

탄원의 시편을 포함하여 시편이 교회예배의 중요한 부분을 차지해온 것은(콜로 3:16, 에페 5:19 참고), 예나 지금이나 다를 바 없습니다. 탄원의 시편은 교회의 공식 기도인 성무일도의 일부를 구성하고 있습니다. 한편 예레미야의 탄원기도는 성금요일에 행하는 전례의 일부를 이루고 있습니다. 교회 스스로도 탄원을 하고 있으며, 우리가 주님에게 울부짖도록 가르

치고 있습니다. 우리는 확신을 가지고 하느님에게 울부짖을 수 있습니다. 왜냐하면 부활하신 예수님은 "이제 우리를 위하여 하느님 앞에 나타나시려고 바로 하늘에 들어가신 것입니다"(히브 9:24). 또한 "그분께서는 늘 살아계시어 우리를 위하여 빌어주십니다"(히브 7:25). 우리는 아버지이신 하느님에게 그분의 이름으로 울부짖을 수 있고, 또한 구원자이신 예수님에게도 부르짖을 수 있습니다.

주님, 저희에게 자비를 베풀어 주소서.

제 2 부

십자가와 내적치유

The Cross and Inner Healing

제 4 장

예수님의 상처가 우리의 상처를 치유함

그리스도 교회는 전통적으로, 예수께서 전 인류를 위해서 돌아가셨을 뿐만 아니라, 각자가 마치 예수님을 제외한 지구상에 살았던 유일한 사람이었던 것처럼 바로 그 한 사람을 위해서 돌아가셨다고 생각해왔습니다. 예수 그리스도 안에 함께 하시는 하느님께서 우리 각자를, 각자의 이름을 친히 부르시며, 환상이 아닌 현실의 바로 이 순간, 완전하고도 무조건적으로 받아들여 사랑하신다는 신비로운 사실은, 바로 십자가에 그 핵심이 있습니다. 즉 예수께서 나를 너무 사랑하신 나머지, 나를 구원하기 위하여 돌아가신 것입니다. 친구를 위하여 자신의 목숨을 내놓는 것보다 더 큰 사랑은 없습니다(요한 15:13 참고). 십자가는 예수님이 나에게 베푸신 사랑이 얼마나 큰 지를, 그 무한한 사랑을 말해주고 있습니다.

사랑의 척도로서 십자가는 등식의 한쪽을, 그리고 등식의 다른 한쪽은, 우리를 치유하시고 구원하시는 그 사랑의 능력을 나타냅니다. 이는 곧 예수님의 고난과 죽음으로부터 오는 십자가의 치유능력과 일치합니다. 우리가 기도를 통하여 예수님의 십자가의 세계 즉 그분의 치유의 세계 안에 깊이 잠길 때, 그분의 사랑을 더욱 깊이 느낄 수 있게 되고 한편으로는 십자가의 어리석음이라고 생각되는 그분의 지혜로운 생활을 시작하게 됩니다.

> "우리는 십자가에 못 박히신 그리스도를 선포합니다. 그리스도는 유다인들에게는 걸림돌이고 다른 민족에게는 어리석음입니다. 그렇지만 유대인이든 그리스인이든 부르심을 받은 이들에게 그리스도는 하느님의 힘이시며 하느님의 지혜이십니다. 하느님의 어리석음이 사람보다 더 지혜롭고 하느님의 약함이 사람보다 더 강하기 때문입니다."
>
> (1코린 1:23－25)

예수께서 죄를 체험하셨던 십자가

예수께서 아버지이신 하느님과 친구인 우리들 각자에 대한 사랑을 통하여 그분이 겪으셨던 체험을 우리가 이해하고자 노력할 때, 우리 모두에게 향한 그분의 사랑을 보다 잘 이해할 수 있습니다.[9] 우리의 대리자로서 우리의 죄를 대속하시기 위해 겪으셨던 예수님의 수난을 이해하는 것 만으로는 십자가의 신비를 다 설명할 수 없습니다.[10] 그러나 "그리스도께서는 성경 말씀대로 우리의 죄 때문에 돌아가시고"(1코린 15:3), "많은 이들의 몸값으

---

9 가) 예수님이 겪으신 수난의 내적 체험에 관한 신학적 고찰: O'Collins, Gerald, *The Calvary Christ*, SCM Press, London, and Westminster Press, Philadelphia, 1977.

나) 오늘날 십자가의 의미에 대한 신학적 논의: Faricy, Robert, M. Flick and G. O'Collins, *The Cross Today*, Paulist, New York, 1978.

다) 예수님의 삶과 그리스도인의 삶 안에서의 십자가의 영성 신학: Navone, John, *A Theology of Failure*, Paulist, New York, 1974.

10 다른 어떤 것도 할 수 없다. 신비(mystery)란 우리가 그것에 관해 더 배울 수 있는 정확히 그 무엇이긴 하나, 결코 완전히 이해할 수는 없는 것이다. (미국 볼티모어 대교구의 교리문답 집에서)

로 자기 목숨을 바치러 오셨고"(마르 10:45), "한 사람이 백성을 위해 죽으신"(요한 11:50 참조) 사실을, 우리는 분명 올바로 알고 있습니다. 예수께서 우리의 죄 때문에 돌아가신 사실은, 우리 죄의 대가로 고난을 당하시고 우리의 모든 죄에 대한 하느님의 진노(震怒)를 경험하셨음을 의미합니다. "하느님께서는 죄를 모르시는 그리스도를 우리를 위하여 죄로 만드시어, 우리가 그리스도 안에서 하느님의 의로움이 되게 하셨습니다"(2코린 5:21).

그렇다면 하느님께서는 진정 진노의 하느님이실까요? 그리스도교 신앙은, 예수님의 자비로우신 사랑에 대한 가르침 안에서, 구약의 "진노의 의로우신 하느님(just God of wrath)"의 개념을 극복할 수 없을까요? 마르시온(Marcion)이라는 2세기의 유명한 그노시스(Gnostic)파의 이교도는 이 문제와 관련, 신약성서의 자비로우신 사랑의 하느님은 인정하는 반면 구약성서의 의로우신 분노의 하느님은 받아들이기를 거부했습니다. 이 교도들은 이 두 하느님의 모습이 서로 모순된다고 주장했습니다. 그러나 사실은 그렇지 않습니다: "그분께서는 자비가 크신 만큼 질책도 많이 하십니다"(집회 16:12). 주님께서는 죄지은 자에게는 주먹을 휘두르시는 반면, 그분을 믿고 따르는 자는 깨끗이 정화시켜주시고 구원해 주십니다.

> "마침내 진노하시어 그들에게 말씀하시고
> 분노하시어 그들을 놀라게 하시리라….
> 행복하여라, 그분께 피신하는 이들 모두!"
>
> (시편 2:5, 12)

> "'이 도성에 복이 아니라 재앙을 내리겠다'고 한 나의 말을 이제 내가 이루겠다….나는 그날에 너를 건져주겠다."
>
> (예레 39:16-17)

로마인들에게 보낸 바울로의 서간 제1장은, 같은 죄에 대한 응분의 벌에도 그 죄를 계속 범하는 자들에게는 하느님께서 그들을 떠나심으로써 그분의 분노를 드러내신다는 것을 우리에게 가르칩니다(18-31). 죄는 응징도 함께 싹트게 하며 이 응징은 죄에 대한 하느님의 진노를 드러내 보입니다. 하느님의 정의 즉 하느님께서 우리를 의롭게 하시는 정의는 예수 그리스도께서 돌아가실 때 드러납니다:

> "하느님께서는 예수님을 속죄의 제물로 내세우셨습니다. 예수님의 피로 이루어진 속죄는 믿음으로 얻어집니다. 사람들이 이전에 지은 죄들을 용서하시어 당신의 의로움을 보여 주시려고 그리하신 것입니다. 이 죄들은 하느님께서 관용을 베푸실 때에 저질러졌습니다. 지금 이 시대에는 하느님께서는 당신의 의로움을 보여 주시어, 당신께서 의로우신 분이며 또 예수님을 믿는 이를 의롭게 하시는 분임을 드러내십니다."
>
> (로마 3:25-26)

우리를 위해 돌아가신 예수 그리스도님을 믿음으로써 우리는 하느님의 정의 안에서 그분의 용서를 받고 의로운 사람으로 되는 것입니다. 그러므로 우리는 그분의 분노나 정의로부터 두려워해야 할 그 무엇도 없습니다. 죄에 대한 그분의 분노 때문에 그분은 우리를 죄로부터 구원해주시고, 그분의 우리에 대한 사랑으로부터 나오는 그분의 정의 때문에 그분께서 우리를 당신 자신에게로 구원해주십니다. 이 모든 것이 예수 그리스도께서 우리들의 죄 때문에 고난을 당하시고 돌아가신 이유입니다.

> "이는 죄가 죽음으로 지배한 것처럼, 은총이 우리 주 예수 그리스도

를 통하여 영원한 생명을 가져다주는 의로움으로 지배하게 하려는 것 입니다." (로마 5:21)

이와 같이 예수님의 체험은, 우리의 죄와 "세상의 죄"를 짊어지셔야 했던, 우리를 위한 하나의 "만들어낸 죄" 였습니다. 그분은 무죄였지만(요한 8:46), 우리와 같이 시험과 유혹을 당하셨습니다.

예수님은 모든 면에서 우리와 똑같이 유혹을 받으신, 그러나 죄는 짓지 않으신 대사제이십니다(히브 4:15). "그분께서는 무든 점에서 형제들과 같아지셔야 했습니다. 자비로울 뿐만 아니라 하느님을 섬기는 일에 충실한 대사제가 되시어, 백성의 죄를 속죄하시려는 것이었습니다. 그분께서는 고난을 겪으시면서 유혹을 받으셨기 때문에, 유혹을 받는 이들을 도와주실 수가 있습니다"(히브 2:17－18). 또한 "율법이 육으로 말미암아 나약해져 이룰 수 없던 것을 하느님께서 이루셨습니다. 곧 당신의 친 아드님을 죄 많은 육의 모습을 지닌 속죄 제물로 보내시어 그 육 안에서 죄를 처단하셨습니다"(로마 8:3). 그리고 "하느님께서는 죄를 모르시는 그리스도를 우리를 위하여 죄로 만드시어, 우리가 그리스도 안에서 하느님의 의로움이 되게 하셨습니다"(2코린 5:21).

예수님은 고난과 죽음을 통하여 우리들의 죄를 대속하십니다. 성서 안에서 속죄는 죄에 대한 응징을 뜻하는 것이 아니며, 또한 희생으로 하느님의 진노를 풀어드리는 것이 아닙니다. 근본적으로 속죄는 희생적인 행동을 통하여 죄를 무효화하고 근절함을 의미합니다. "속죄는 하느님 자신에게 작용하는 것이 아니고, 자기의 죄로부터 정화되는 죄인에게 작용하는 것입니다."[11] 돌아가시는 순간, 예수님은 죽음을 이기시고 나아가 죄와 그 응

---

11 Leofold Sabourin의 "죄, 구원 그리고 희생": *Sin, Redemption and Sacrifice*, Biblical Institute Press, Rome, 167, 1974; Sabourine은 보속(reparation)에 관한 광범위한 연구를 하였음

징까지도 이기십니다. 따라서 "죽음아, 너의 승리가 어디 있느냐? 죽음아 너희 독침이 어디에 있느냐?"(1코린 15:55) 라는 성서 말씀이 이루어졌기 때문에, 우리 주 예수 그리스도를 통하여 우리에게 승리를 주시는 하느님께 감사 드립시다"(1코린 15:56－57).

만약 우리가 두 가지 사실, 즉 하느님께서 우리를 구원하시기 위해 그분의 외아들을 보내신 사실과 예수께서 사랑을 실천하기 위하여 당신의 목숨을 내놓으신 사실을 이해하지 못한다면, 위의 설명이 아무런 의미가 없습니다. 요한이 이점을 명백히 하고 있습니다: "그 사랑은 이렇습니다. 우리가 하느님을 사랑한 것이 아니라, 그분께서 우리를 사랑하시어 당신의 아드님을 우리 죄를 위한 속죄 제물로 보내주신 것입니다"(1요한 4:10).

> "하느님께서 우리 편이신데 누가 우리를 대적하겠습니까? 당신의 친 아드님마저 아끼지 않으시고 우리 모두를 위하여 내어주신 분께서, 어찌 그 아드님과 함께 모든 것을 우리에게 베풀어 주지 않으시겠습니까?…
>
> 무엇이 우리를 그리스도의 사랑에서 갈라놓을 수 있겠습니까?…
>
> 우리는 우리를 사랑해주신 분의 도움에 힘입어 이 모든 것을 이겨내고도 남습니다. 나는 확신합니다. 죽음도, 삶도, 천사도, 권세도, 현재의 것도, 미래의 것도 저 높은 곳도, 저 깊은 곳도, 그 밖의 어떠한 피조물도 우리 주 그리스도 예수님에게서 드러난 하느님의 사랑에서 우리를 떼어 놓을 수 없습니다."
>
> (로마 8:31－32, 35, 37－39)

그래서 우리는 복음 말씀을 따라 조용히 묵상하는 가운데 예수님의 내면적 체험 안으로, 그 분의 심리적 체험 안으로, 그분이 느끼셨던 그 세계로 직접 들어가보도록 요구 받습니다.

예수께서 십자가에서 겪으신 심리적 체험

예수님은 당신의 고난과 죽음을 미리 아시고 예고까지 하셨습니다. 그분께서는 겟세마니 동산에서 기도하시는 가운데, 고통스러운 갈등 속에서도 주저함이 없이, 무엇보다도 두 눈을 부릅뜬 상태로, 닥쳐올 미래에 대해 자신과 그 어느 누구에게도 부정하지 않고, 잔인한 고문과 험한 죽음을 받아들이셨습니다. 그분은 미래에 예루살렘에서의 닥쳐올 일을 미리 아시고, "내가 받아야 하는 세례가 있다. 이 일이 다 이루어질 때까지 내가 얼마나 짓눌릴 것인가?"(루카 12:50)라고 말씀하셨습니다. 예수님은 당신 자신의 이사야서 말씀을 분명 이행하신 듯 합니다:

> "그러나 주 하느님께서 나를 도와 주시니
> 나는 수치를 당하지 않는다.
> 그러기에 나는 내 얼굴을 차돌처럼 만든다.
> 나는 부끄러운 일을 당하지 않을 것임을 안다."
>
> (이사 50:7-8)

"(예수님께서는 그 뒤에), 사람의 아들이 반드시 많은 고난을 겪으시고 원로들과 수석 사제들과 율법학자들에게 배척을 받아 죽임을 당하셨다가 사흘 만에 다시 살아나셔야 한다는 것을 제자들에게 가르치기 시작하셨다. 예수님께서는 이 말씀을 명백히 하셨다. 그러자 베드로가 예수님을 꼭 붙들고 반박하기 시작하였다."

(마르 8:31-32)

"그러나 예수님께서는 돌아서서 제자들을 보신 다음 베드로에게, '사탄아 네게서 물러가라. 너는 하느님의 일은 생각하지 않고 사람의 일만을 생각하는구나!'"(마르 8:33)하며 꾸짖으신 말씀 안에서, 닥쳐올 현실을 부정하고 싶은 유혹에 대한 강한 저항을 나타내십니다. 그분은 유혹을 강력히 물리치면서 제자들도 당신과 같이 순수한 마음의 현실로 받아들일 것과 십자가를 지고 당신을 따르도록 고무하십니다(마르 8:34-38). 그러나 예수께서 당신의 고난을 두 번째 예고하실 때(마르 9:30-32), 제자들은 그 말을 깨닫지 못하고 두려워하거나(루가 9:44-45) 매우 슬퍼했습니다(마태 17:22-23). 그리고 세 번째 예고에서 예수님은, 앞으로 일어날 일-그들이 향하고 있던 예루살렘에서 사형선고를 받고 로마 지배자들의 손에 인도되어 조롱 받고 채찍질 당하실 일(마르 10:32-33)-에 대해서 더욱 상세히 설명하십니다. 그분은 유다가 배신하고 베드로가 부인할 것도 착갑한 심정으로 예고하십니다(마르 14:18, 30)

고난과 죽음이 임박한 상황에서, 당신을 십자가형에 처하기까지 한 그들의 죄에 사로잡힌 몽매함과 어리석음을 향하여 화내신 것은, 자연스럽고 당연하게 보이며 분명 이해할 것 같습니다. 예수께서 몹시 화를 내며 성전에 있던 상인들과 사람들을 밖으로 쫓아내신 것과 같은 드문 행동도 극히 정상적이고 옳은 처사임을 우리는 잘 알고 있습니다. 왜냐하면 새로운 성전인 당신의 몸이 곧 모욕당하고 잔혹하게 학대 당하듯 성전이 더럽혀지고 있었기 때문입니다(마르 11:15-18). 루가 복음 사가는 마르코와 마태오에 의한 복음에서와 마찬가지로 예수께서 성전을 정화하신 이 사건을, 예수께서 당신을 구세주로 맞으며 열렬히 환영하던 예루살렘으로 입성하신 직후의 사건과 예수께서 예루살렘을 바라보며 우신 사건 바로 다음의 사건으로 기록함으로써, 예수님의 분노에 찬 슬픔을 강조하고 있습니다. 십자가의 관점에서 볼 때, 예수님이 갈바리아산에서 당신의 시간이 임박하자 이스라엘 지도자들의 눈 먼 위선과 저항에 대하여 화내신 것은, 그들의 사악함과 우매함에 대한 진노로 볼 수 있습니다.

예수님은 이스라엘의 종교 지도자들이 당신에 대한 음모를 꾸미고 있음을 알고 계시지만 결코 굴하지 않으십니다. 그분은 타협하시지 않습니다. 당신께서 외치신 진리와 아버지의 사랑에 대한 굽힐 줄 모르는 이 충직함을 최후의 만찬과 수난 속에서도 계속 지키십니다. 안나와 가야파 앞에서도 예수님은 자신을 방어하거나 타협하시지 않습니다. 그분께서는 헤로데 앞에서도 침묵을 지키며 서 계실 뿐, 자신의 입장을 이롭게 해줄 수도 있는 어떠한 기적이나 묘기도 행하시지 않습니다. (빌라도는 예수님을 붙잡아 헤로데에게 넘겨주었습니다: "헤로데는 예수님을 보고 매우 기뻐하였다. 예수님의 소문을 듣고 오래 전부터 그분을 보고 싶어 하였을 뿐만 아니라, 그분께서 일으키시는 어떤 표징이라도 보기를 기대하고 있었던 것이다" (루카 23:8). 그분은 빌라도와도 타협하기를 거부하십니다. 이 모든 사건이 의미하는 것은 예수께서 수난과 죽음의 순간이 임박한 상황에서도 타협이나 협상하고싶은 유혹을 거부하시는 바로 그 태연함입니다.

겟세마니 동산에서 고뇌하시는 동안 예수님의 이러한 굳센 마음이 산산조각나고 녹아내려 오직 아버지의 뜻에만 의지하려는 한 가닥 줄기만이 남게 됩니다. 그러나 예수께서 동산에서 기도를 마친 후 일어나서 당신을 체포하여 감옥으로 끌고 가려는 무장인들을 만나실 때 그분의 내적 강함이 다시 나타납니다. 겟세마니 동산에서 예수님의 고뇌 속에서는 어떤 일이 벌어지고 있었을까요? 거기서 예수님은 무엇을 체험하셨을까요? 예수님은 "내 마음이 너무 괴로워 죽을 지경이다. 너희는 여기에 남아서 깨어 있어라"(마르 14:34)라고 당신의 심정을 말씀하시며 극도의 공포와 번민에 사로잡히십니다(마르 14:33). 예수님은 두려움 때문 만이 아니라 심한 번민으로 괴로워하십니다. 루가 복음에 예수님의 상황을 다음과 같이 묘사하고 있습니다: "예수님께서 고뇌에 싸여 더욱 간절히 기도하시니, 땀이 핏방울처럼 되어 땅에 떨어졌다(루카 22:44). 피땀을 흘린다는 것은 육체적으로나 심리적으로 완전히 쇠약해져 죽음으로 이르는 극도의 심각한 번민 상태에 있음을 뜻합니다.

예수께서는 겟세마니 동산에서 기도하시면서 그 심각한 번민을 어떻게든 이겨내려고 애쓰십니다. 수난과 죽음에 대한 그분의 내부에서 우러나오는 저항과 거부감으로 (왜냐하면 예수님 자신이 생명이셨기 때문에: "나는...생명이다...."(요한 11:25)) 예수께서는 울부짖으십니다: "아빠! 아버지! 아버지께서는 무엇이든 하실 수 있으시니, 이 잔을 저에게서 거두어 주십시오"(마르 14:36a). 하느님께서 내리시는 진노의 잔, 즉 죄에 대한 하느님의 분노와 심판의 잔을 받아 마셔야 한다는 예상은, 예수님을 완전한 파멸과 치명적인 번뇌로 몰아넣습니다. 고뇌에 찬 마음으로 그분은 기도를 계속합니다: "그러나 제가 원하는 것을 하지 마시고 아버지께서 원하는 것을 하십시오"(마르 14:36). 자신과 아버지의 뜻이 이루어 지도록 드리는 기도에 집중하시면서, 예수님은 기운을 다해 자고 있던 제자들(베드, 야고, 요한)에게 당신을 체포하러 오는 사람들을 만날 준비를 하도록 일러두십니다: "일어나 가자. 보라, 나를 팔아 넘길 자가 가까이 왔다"(마르 14:42).

이렇게 고난과 아버지의 뜻을 수용함으로써 얻어지는 열매는 거의 믿을 수 없을 정도로 너무나 위대한 자비심입니다. 예수께서 고난을 이기신 후 첫 번째 행하신 일은 대사제의 종의 귀를 낫게 하신 것입니다(루가 22:51). 그리고 그분께서는 제자들을 피신 시키고 당신 자신을 넘겨주십니다: " '나다' 하지 않았느냐? 너희가 나를 찾는다면 이 사람들은 가게 내

버려 두어라"(요한 18:8) 예수님은 십자가에 못 박히신 후에도, 아버지에게 그들을 용서해주실 것을 기도 드리고 하느님 앞에 그들의 잘못을 변호까지 하시며, 자신에게 사형을 집행하고 있는 바로 그 사람들을 용서하십니다(루가 23:34). 예수님과 함께 십자가에 못 박힌 우도가 예수님에게 자신을 기억해 달라고 간청하자, 예수님은 그의 잘못을 용서해 주시고 당신과 함께 같은 날 낙원에 들어갈 것을 약속하십니다(루가 23:42-43). 그분은 요한에게 마리아를 돌봐드리도록 부탁하심으로써 어머니에 대한 당신의 가련한 마음을 나타내보이십니다(요한 19:26-27).

예수님은 숨을 거두시기 직전에 아버지에게 외치십니다: "저의 하느님, 저의 하느님, 어찌하여 저를 버리셨습니까?"(마르 15:34). 하느님께서 하느님으로부터 버림받음을 느끼시면서 그분의 생명은 죽어가고 있습니다. 돌아가시면서 도저히 기도할 수 없는 그 상황에서, 인류의 극악무도한 죄를 다 짊어지신 채, 육체적·정신적으로 극심한 고통 속에서, 예수께서 비탄에 잠겨 당신의 아버지에게 외치십니다. 하느님께서 하느님의 버림을 받아 숨을 거두십니다. 예수께서 요르단 강에서 세례 받으실 때 그분의 아버지의 목소리가 들려왔습니다: "너는 내가 사랑하는 아들, 내 마음에 드는 아들이다"(루카 3:22). 그러나 지금은 그분을 괴롭히는 자들의 조롱 소리만 들려올 뿐입니다: "하느님을 신뢰한다고 하니, 하느님께서 저자가 마음에 드시면 지금 구해 내 보시라지. '나는 하느님의 아들이다' 하였으니 말이야"(마태 27:43). 그리고 그들은 예수께서 기도하시고자 하던 바로 그 시편 구절을 읊조리며 그분을 비웃고 있습니다: "그분 마음에 드니 그분께서 구해 내시겠지"(시편 22:9). 그러나 하늘에서는 아무 대답도 들려오지 않습니다. 그분의 아버지께서 외면하신 것입니다. 그 죽음이야말로 예수께서 우리들과 아버지에게 행하신 사랑의 실천인 것입니다. 아버지께서 우리와 예수님에 대한 사랑의 실천으로 그분을 돌아가시게까지 하신 것입니다. 여기서 아버지와 예수께서 행하신 서로에 대한 사랑은 철저한 희생으로 나타납니다. 그리고 두분 서로의 사랑은 바로 사랑 그 자체인 성령님입니다. 또한 이 성령님은 예수님과 하느님 아버지에 의하여 우리 마음 속으로 부어집니다. 이렇게 하여 사랑은 희생의 의미를 부여합니다.

마지막으로, 예수님은 큰 소리로 외치십니다: "아버지, 제 영을 아버지 손에 맡깁니다"(루카 23:46). 그리고 숨을 거두셨습니다. 완전히 버림받음을 느끼시는 가운데 그분은 죽음을 통하여 가장 고귀하고 순수한 믿음을 실천하심으로써 당신을 아버지에게 내맡기십니다. "제 목숨을 당신 손에 맡기니…"라는 기도는 시편 31장 6절 탄식의 기도에서 유래합니다. 그 기도는 아마도 유태인들이 평소 사용하던 임종기도의 일부였던 것 같습니다.[12]

요한 복음 사가는 예수께서 돌아가시는 순간 외치신 다른 두 마디의 절규를 기록하고 있습니다. 모든 것이 다 끝났음을 아시고, 예수님은 "목마르다"라고 말씀하신 후 "다 이루어졌다"라는 말씀과 함께 숨을 거두십니다(요한 19:28, 30). 분명 예수님은 육체적인 갈증으로 고통을 겪으십니다. 그러나 요한은 예수께서 느끼신 갈증의 영적인 의미도 우리가 이해하기를 원합니다. 영적 갈증은 생명의 물인 성령을 부어 주시고자 하는 그분의 갈망을 의미합니다.[13] 성령께서 우리에게 오시는 것은 예수님의 죽음을 통해서만 가능하며, 당신의 영혼을 포기 하심으로써 예수께서는 우리와 통교하게 되시고, 당신의 성령을 우리에게 주시는 것입니다. 이것은 돌아

---

12 "당시 현장에서 드린 예수님의 기도": *The Prayers of Jesus in Their Contemporary Settings*, published by the Study Centre for Christian-Jewish Relations, London, 15-16, 1977.

13 Ignace de la Patterie의 주의 깊고 설득력 있는 성서 주해를 따랐음: Ignace de la Potterie, "La sete di Gesu morente el'interpretazione giovannea della sua morte in croce," *La sapienza della corce oggi*, Elle Di Ci, vol.I, 33-49, 1976.: 그는 "목이 마르다" 라는 구절을 요한 복음서의 목마름에 대해 언급한 다른 부분들을 참조하여 읽어볼 필요가 있다고 지적함

가신 예수님의 창에 찔린 옆구리에서 뿜어져 나온 피와 물의 의미입니다. 즉 피는 예수께서 흘리신 희생의 피로, 생명을 바쳐 우리를 구원하시는 그분의 사랑을 상징합니다. 물은 생명의 물을 뿜어내는 분수인 성령님을 상징합니다(참조; 요한 7:37-39; 즈가 12:10, 13:1). 피와 섞인 물은 예수께서 돌아가신 후 끊임없이 부어질 성령세례를 예시합니다.[14] 이와 같이 예수님의 성령은 바로 "치유의 성령"인 것입니다.

십자가의 치유능력

예수께서 수난을 겪고 죽음을 당하신 것을 죄에 대한 응징으로 생각하기 쉬우나 이것은 잘못된 생각입니다. 하느님은 잔혹한 분이 아니며 또한 고난은 죄를 짓는 행위에 대한 하느님께서 다스리시는 벌이 아닙니다. 하느님의 사랑을 거부하고, 그분과 멀어지고, 그분에게 등을 돌리는 행위가 바로 죄이며 그 자체가 죄에 대한 벌인 것입니다. 고통 겪는 것을 벌로 생각할 경우 우리는 고통 받는 자들이 죄인이기 때문에 고통 받는 것으로 생각하여 그들에게 경멸적인 태도를 나타내기 쉽습니다. 제자들이 태어날 때부터 눈이 먼 소경을 만났을 때 예수님에게 "스승님, 누가 죄를 지었기에 눈먼 사람으로 태어났습니까? 저 사람입니까, 그의 부모입니까?"라고 묻

---

14 J. Terrence Forestelli의 해석: *The Word of the Cross*, Biblical Institute Press, Rome, p89, 1974; "물과 피의 근본적인 상징은 즈가리아서(13-1)의 관점에서 이해해야 한다. 복음서의 맥락에서 그리스도의 옆구리에서 나온 물은 바로, 그분께서 사마리아 여인에게 약속하신 생명의 물을 상징하는 동시에 당신 자신이 장막의 축제에서 원천이라고 선언하신 은총을 상징한다. 그리스도의 죽음이 인류를 위한 영원한 생명의 물줄기를 흘러나오게 한 것이다." 또한 에제키엘서(36:2)에서도 언급된, 맑고 정화하는 물은 새로운 약속에로의 하느님의 성령을 나타낸다 (참조 시편 551:3, 이사야 44:3).

자, 예수님은 “저 사람이 죄를 지은 것도 아니고 그 부모가 죄를 지은 것도 아니다. 하느님의 일이 저 사람에게서 드러 내려고 그리 된 것이다”라고 단호히 대답하십니다(요한 9:2-3). 아버지이신 하느님과 예수님의 태도-예수님은 하느님의 표상이시기 때문에 두 분의 태도는 같습니다-는 경멸과 정반대의 것입니다. 그것은 자비심입니다. 예수께서 성밖에서 십자가형에 처해졌을 때-외려 스스로 택하신-자신이 군중으로부터 무시당한 사람들이나 비문화적인 생활을 하는 사람들, 예의를 따지지 않는 사람들, 버림받은 사람들, 사회에서 잊혀진 사람들, 멸시 받은 사람들, 절망의 한계에 도달한 사람들, 그리고 인간적인 대접을 받을 수 있는 모든 한계로부터 벗어난 사람들과 같은 처지에 놓이게 된 것을 아시게 됩니다. 그분은 평범한 죄인이 아닌 중범으로서의 날조된 죄목과 터무니없는 재판, 잔악한 고문과, 가공스러운 사형집행을 당하십니다. 그리고 그분은 버림받은 자들과 가난한 사람들, 억압 받는 자들과 고통 받는 사람들, 그리고 어떤 형태로든 우리가 의식적으로나 무의식적으로 궁핍한 처지에 있다고 느끼는 우리 모두의 어려움을 떠맡으십니다. 예수께서는 구원을 필요로 하는 사람들을 구원하기 위해 그들과 같은 처지를 택하시고, 죄인들을 위하여 스스로 죄인이 되십니다. 그분께서 우리 모두와 함께 치유를 필요로 하는 자가 되셨기에 우리가 치유 받을 수 있는 것입니다.

“사실 그리스도께서는 약한 모습으로 십자가에 못 박히셨지만, 이제는 하느님의 힘으로 살아계십니다. 우리도 그리스도 안에서는 약하지만, 여러분을 대할 때에는 하느님의 힘으로 그리스도와 함께 살아있을 것입니다”(2코린 13:4). “그러나 주님께서는 ‘너는 내 은총을 넉넉히 받았다. 나의 힘은 약한 데에서 완전히 드러난다’하고 말씀하셨습니다. 그렇기 때문에 우리는 그리스도의 힘이 나에게 머무를 수 있도록 더 없이 기쁘게 나의 약점을 자랑할 수 있습니다. 나는 그리스도를 위해서 라면 약함도 모욕도 역경도 달갑게 여깁니다. 내가 약할 때에 오히려 강하기 때문입니다"(2코린 12:9-10). "그런데 하느님께서는 지혜로운 자들을 부끄럽게 하시려고 이 세상의 어리석은 것을 선택하셨습니다. 그리고 하느님께서는 강한 것을 부끄럽게 하시려고 이 세상의 약한 것을 선택하셨습니다"(1코린 1:27). 왜냐하면 "하느님의 어리석음이 사람보다 더 지혜롭고 하느님의 약함이 사람보다 더 강하기 때문입니다(1코린 1:25). 하느님의 힘은 십자가에 못 박히신 예수님의 나약함을 통해 완전하게 됩니다. 하느님께서는 십자가의 능력을 통하여, 예수님 안에 있는 당신 자신과 모든 것들과의 관계를 화해시킬 것을 선택하시고(에페 2:16, 콜로 1:20) 흩어졌던 것들을 한데 묶어 하나로 일치시키고 치유하여 완전하게 만드실 것을 선택하셨습니다. 마찬가지로 바울로도 십자가의 능력을 선포하면서 십자가가 하느님의 능력임을 역설합니다(1고린 1:17-18). 이 말은 부활의 능력을 약화시키고자 하는 것이 결코 아니라, 바울로에게는 "부활의 능력은 사실상 예수님이 돌아가신 순간부터 시작된다: ...사람들은 회개하고, 백부장은 자기의 믿음을 고백하였으며 성령이 쏟아져 내렸다"[15]는 점을 말하기 위해서 입니다.

요한 복음에서도 마찬가지로, 부활보다는 예수님의 죽음이 그분께서 행하셨던 일의 완성이라고 역설합니다. 왜냐하면 십자가는 영원한 삶의 근원을 우리들에게 주는, 구원의 능력을 지니고 있기 때문입니다.

요한 복음에서는 십자가를 모세가 하느님의 지시에 따라 지팡이 끝에 만들어 놓은 구리뱀(민수 21:4-9)과 비교하고 그 치유 능력을 역설합니다. 뱀에게 물린 사람이 그 구리뱀을 보자 곧 나았습니다. 그래서 "모세가 광야에서 뱀을 들어 올린 것처럼, 사람의 아들도 들어올려져야 한다. 믿는 사

---

15 스테니로스 리오네의 강의 노트: Stanislaus Lyonnet, *Annotationnes in priorem epistolam ad Corinthios* (class note, Rome, 1865-66), 44; quotes in S. Virgulin, "La croce come potenza di Dio in 1 Cor. 1:18-24, " La sapienza della croce oggi, vol. 1,15.

람은 누구나 사람의 아들 안에서 영원한 생명을 얻게 하려는 것이다"(요한 3:14-15). 요한은 또한 즈가리아서를 인용하여 창에 찔려 구멍이 난 예수님의 옆구리에 관해서도: "그들은 자기들이 찌른 이를 바라볼 것이다"(요한 19:37, 즈가 12:10)라고 강조합니다.

우리를 구원하는 과정에서 예수께서는 조롱과 비웃음을 당하십니다. 복음 사가들은 예수께서 이렇게 조롱 당하셨던 기막힌 사실을 우리가 잊지 않기를 바라면서, 야유꾼들은 생각없이 던진 야유지만 사가들은 그 의미를 깊이 생각하면서 복음서에 기록하였습니다.

> "지나가던 자들이 머리를 흔들며 그분을 이렇게 모독하였다. '저런! 성전을 허물고 사흘 안에 다시 짓겠다더니. 십자가에서 너 자신이나 구해보아라. 수석 사제들도 이런 식으로 율법학자들과 함께 조롱하며 서로 말하였다. '다른 이들은 구원하였으면서 자신은 구원하지 못하는군.'"
>
> (마르 15:29-31)

여기에는 이중역설(double irony)이 있습니다. 첫째, 이스라엘의 종교지도자들은 자신들의 빈정대는 말을 통하여 예수님의 치유능력을 증거하고 있습니다. 즉 그분이 "다른 이들은 구원하였다"는 말은 다름아닌, 예수께서 병자들을 고쳐주시고, 마귀를 몰아내시고, 죽은 사람을 살려주신 사실을 그들의 입으로 증명한 것입니다. 둘째, 그들이 예수님의 나약하심을 비웃고 있는 바로 그 시간에, 예수님 안에 있는 하느님의 능력이 세상을 구원하고 있다는 사실입니다. 구원과 하느님의 치유능력은 예수님의 십자가의 능력으로부터 떼어놓을 수 없습니다. 데니스 햄(Dennis Hamm)은 그 핵심을 다음과 같이 간략히 기술합니다:

예수님의 치유사업(healing ministry)은, 예수님의 구원을 위한 죽음이라는 맥락에서만 완전히 이해될 수 있다. 이는 복음 사가들이 전한 명백한 메시지이다. 마태오, 마르코 그리고 루가는 그리스도께서 십자가에 못 박히시는 장면을 묘사하는데 있어서 예수님을 교수형에 처해진 지도자(hanged leader)로 표현하고 있다. 예수님은 "다른 이들은 구원하였으면서 자신은 구원하지 못하는군"라며 조소를 당한다. 이 말은 물론 치유사업을 의미한다. 그리고 복음 사가들은 그리스도인들에게 말의 심오한 역설적 의미를 전달하기 위해 한 협의자(one suspect)라는 조소적인 용어를 사용한다. 이는 교수형에 처해진 치유자가, 자신의 구원자적인 죽음을 통하여 가장 깊이 치유하고 구원한다는 진리를 사가들이 강조하고자 했던 것이다. 루가는 예수께서 당신의 수난을 두 번째 예고하신 부분을 옮겨 적을 때 그 점을 강조하고 있다(루가 9:43b-44): 그러나 사람들이 예수께서 하신 일들(악령 들린 아이의 치유는 말로써 설명했음)을 보고 놀라서 감탄하고 있을 때, 예수님은 그분의 제자들에게 "너희는 이 말을 귀담아 들어라. 사람의 아들은 사람들의 손에 넘겨질 것이다."하고 말씀하셨다. 다시 말하면, 예수께서 행하신 치유사업에 대한 올바른 의미와 그분의 고난과 죽음이 갖는 의미를 별개의 것으로 분리해서는 안 된다는 것이다.[16]

그리고 그리스도교는 시초부터 전통적으로, 예수님의 상처로 인하여 우리가 치유 받는다는 것을 믿고 있습니다. 이사야서의 '주님의 종'의 네 번째 노래에 다음과 같은 예언이 있습니다:

---

16 Dennis Hamm의 논문에서 발췌: "To Heal as Jesus Healed," presented to an ecumenical conference, Roman Catholic and Assemblies of God, on divine healing, Springfield, Missouri, April 15-16, 1977.

"사람들에게 멸시받고 배척당한 그는 도통의 사람, 병고에 익숙한 이였다. 남들이 그를 보고 얼굴을 가릴 만큼 그는 멸시만 받았으며 우리도 그를 대수롭지 않게 여겼다. 그렇지만 그는 우리의 병고를 메고 갔으며 우리의 고통을 짊어졌다. 그런데 우리는 그를 벌받은 자, 하느님께 매맞은 자, 천대 받은 자로 여겼다. 그러나 그가 찔린 것은 우리의 악행 때문이고 그가 으스러진 것은 우리의 죄악 때문이다. 우리의 평화를 위하여 그가 징벌을 받았고 그의 상처로 우리는 나았다."

(이사 53:3-5)[17]

마태오 복음에서는 예수님이 공생활 동안 행하신 치유를 "주님의 종"의 예언을 실현한 것으로 보고 있습니다: "예수님께서는 말씀으로 악령을 쫓아내시고, 앓는 사람들을 모두 고쳐주셨다. 이사야 예언자를 통하여 '그는 우리의 병고를 떠맡고 우리의 질병을 짊어졌다' 하신 말씀이 이루어 지려고 그리 된 것이다."(마태 8:16b-17). 베드로의 첫 번째 서간문에서 예수님의 고난과 죽음에 대한 의미를 다음과 같이 그분의 치유사업과 연관시킵니다: "그분께서는 우리의 죄를 당신의 몸에 친히 지시고 십자 나무에 달리시어, 죄에서는 죽은 우리가 의로움을 위하여 살게 해주셨습니다. 그분의 상처로 여러분은 병이 나았습니다"(2:24).

우리는 단순히 예수님을 바라보기만 해도 치유될 수 있습니다. 히브리 인들이 치켜든 구리뱀을 쳐다보자 나았던 것처럼, "그들이 창으로 찌른 바로 그분"을 바라보기만 해도 치유될 수 있습니다. 또한 우리는 경건한 마음으로 우리의 상처를 예수님의 고난과 죽음의 과정 안으로 가지고 들어가 그분에게 치유해주시도록 기도할 수 있습니다. 이것이 다음 장의 목적입니다.

---

17 Anchor Bible의 John L. McKenzie가 번역한 부분을 약간 수정하여 옮김: *Second Isaiah*, Doubleday, New York, 1968; 역주) 여기서는 『성경』을 그대로 인용하였음.

제 5 장

십자가와 내적치유를 위한 기도

십자가(the CROSS)는 하느님과 우리 자신에 관한 하나의 "말씀(word)"이자, 우리에게 그 의미를 전하기 위한 하나의 진술(statement)입니다. 십자가는 하느님을 드러내고 또한 그분의 빛 안에서 우리의 모습도 드러나게 됩니다. 십자가가 지니는 말씀은 그 권능을, 즉 십자가형에 처하신 예수님의 연약함 안에서 완전하게 된 하느님의 권능을 드러냅니다. 왜냐하면 십자가는 연약함 안에서 발휘되는 하느님의 권능을 말해주는, 겉으로 어리석음으로 보이는 하나의 지혜로운 말씀이기 때문입니다(1코린 1:18-25 참조).

십자가의 어리석음

십자가를 선포한다는 것은 어리석은 것처럼 보입니다. 하물며 십자가를 통해서 치유 받을 수 있다고 누가 믿겠습니까? 십자가의 치유 "능력(power)"

에 관하여 말한다는 것은 모순처럼 느껴집니다. 왜냐하면 언뜻 보기에 십자가는 "나약함(weakness)"을 뜻하는 인상을 주기 때문입니다. 세상 사람들의 눈에는 이 십자가의 의미가 어리석어보이는 이상으로, 바보 같고 미친 것으로 보입니다.

구약성서에 지혜로운 자의 지혜가 하느님의 눈에는 어리석음으로 보인다는 전통이 있습니다. 출애굽 당시 이집트인들의 지혜는 어리석음으로 나타납니다: "초안의 제후들은 어리석기만 하고 파라오의 현명하다는 고문관들은 우둔한 고문관들이다"(이사 19:11a). 이사야는 자신이 슬기롭다고 생각하면서도, 선을 "악"이라 일컫고 악을 "선"이라고 하는 자들의 어리석음을 개탄합니다: "불행하여라, 스스로 지혜롭다는 자들 자신을 슬기롭다는 자들!"(5:21). 예레미야도 또한 "지혜롭다는 자들이 수치를 당하고 당황해하며 사로잡히게 되리라, 그들이 주님의 말씀을 배척했으니 이제 그들에게 무슨 지혜가 있겠느냐?" (예레 8:9)라며 개탄합니다. 하느님의 지혜는 우리 인간의 지혜보다 끝없이 높은 곳에 있으며 우리의 논리를 초월해 있습니다:

> "'내 생각은 너희 생각과 같지 않고
> 너희 길은 내 길과 같지 않다.'
> 주님의 말씀이다.
> '하늘이 땅 위에 드높이 있듯이
> 내 길은 너희 길 위에,
> 내 생각은 너희 생각 위에 드높이 있다.'"
>
> (이사 55:8-9)

하느님의 지혜는 우리들의 지혜의 영역을 초월하여 너무나 먼 곳에 있기 때문에 우리들에게는 그것이 어리석어 보입니다. 욥은 자신에게 닥친 비참한 상황을 이해할 수 없어, 친구의 지혜로운 말도 자기에게 답변이 되지 못한다고 큰 소리로 불평합니다. 이에 주님께서 "불평꾼이 전능하신 분과 논쟁하려는가? 하느님을 비난하는 자는 응답하여라"라고 답변하시자, 욥은 자신의 이해를 너무나 초월하여 전적으로 불합리해 보이는 것들을 직면하게 되자 손으로 입을 가리고 침묵을 지킵니다(욥 40:2-5). 인간의 시야는 매우 편협하기 때문에 그 시야로는 모든 것을 볼 수 없습니다: "인간은 찾으려 애를 쓰지만 파악하지 못한다. 지혜로운 이가 설사 안다고 주장하더라도 실제로는 파악할 수 없는 것이다"(전도 8:17b). 하느님께서는 당신의 지혜를 거스르는 이스라엘의 왕들에게 단호하게 꾸짖으십니다:

> "주님을 거슬러, 그분의 기름부음받은이를 거슬러
> 세상의 임금들이 들고 일어나며
> 군주들이 함께 음모를 꾸미는구나…
> 하늘에 좌정하신 분께서 웃으신다.
> 주님께서 그들을 비웃으신다.
> 마침내 진노하시어 그들에게 말씀하시고
> 분노하시어 그들을 놀라게 하시리라….
> 자, 이제 임금들아, 깨달아라.
> 세상의 통치자들아, 징계를 받아들여라.
> 경외하며 주님을 섬기고
> 떨며 그 분의 발에 입 맞추어라."
>
> (시편 2:2-11)

바오로에게 십자가는 하느님 지혜의 결정적인 승리임을 나타냅니다. 이사야서의 "나는 지혜롭다는 자들의 지혜를 부수어 버리고 슬기롭다는 자들의 슬기를 치워 버리리라"는 말씀이, 예수님의 고난과 죽음을 통해서, 그리고 십자가의 승리 안에서 철저히 실현되기 때문입니다(1코린 1:19; 이사 29:14 참고). 십자가를 통하여, "하느님께서 세상의 지혜를 어리석은 것으로 만들어 버리지 않으셨습니까?"(1코린 1:20b), 왜냐하면 "이 세상의 지혜가 하느님께는 어리석음이기 때문입니다"(1코린 3:19a). 십자가의 어리석음을 따르기 위해 바오로는 "그리스도 때문에 어리석은 사람이 됩니다"(1코린 4:10).

이와 마찬가지로 우리가 내적치유를 위해 기도할 때, "예수님을 위해 어리석은 사람이 되겠다"는 태도를 갖는 것은 큰 도움이 됩니다. 어리석은 사람이 되기 위해 갖춰야 할 속성－즉 단순함, 솔직함, 전적인 신뢰－이, 하느님의 치유 능력을 보다 쉽게 받아들이게 해줍니다. 동시에 내적치유는, 과학적 혹은 심리학적 지혜의 문제가 아니며, 자신의 지식과도 상관이 없습니다. 내적치유는 은총의 문제로서, "하느님께서 성령님을 통하여 우리 마음에 부어주시는" 그 사랑이 우리를 치유해줍니다. 하느님의 지혜는 인간의 지혜를 초월하여 너무도 먼 영역에 있기 때문에 그것은 정신 나간 짓으로 보이며, 인간의 지혜로부터 너무 멀리 떨어진 곳에 있기 때문에 인간의 지혜의 기준으로는 어리석어보입니다. 기도를 통하여 우리에게 주어지는 내적치유 능력은, 심리학이나 어떠한 인간의 능력도 이에 미칠 수 없습니다. 그것은 마치 한 어린아이나 바보가 주님에게 다가가서 그분에게 순순히 치유를 간청하는 문제와 같습니다. 이렇게 하기 위한 한 가지 방법은, 우리 자신의 상처를 예수님의 십자가 그 상황으로 가져가서 치유받는 것입니다. 보나벤뚜라 성인[18]은 다음과 같이 기록하고 있습니다:

---

18 역주: 성 보나벤뚜라(Saint Bonaventure, 1217-1274), 이탈리아의 스콜라 철학자, 프란시스코회 추기경 주교, 교회 박사

> 십자가는 예수님의 모든 지혜가 수록되어 있는 우리의 지혜서이다....십자가만이 여러분을 자유롭게 할 수 있다....가장 좋은 묵상의 대상으로 십자가의 의미를 음미하는 것이다....그래서 우리는 자신을 잘 들여다 볼 수 있는 한 권의 지혜서인 예수님의 십자가를 짊어져야 한다.[19]

"창에 찔린 그분"을 바라볼 때 나는 그분의 사랑을 느낄 수 있으며, 또한 동시에 그분의 빛으로 나의 내적상처와 나의 약점과 나의 부족함을 볼 수 있습니다. 이러한 "바라봄"이 나를 자유롭게 해주고, 나를 치유하며, 나를 더욱 완전하게 만들어줍니다.

예수님의 고통의 영광 안에서 치유를 위해 기도함

앞장에서 여덟 단계의 고난을 통하여 예수께서 겪으신 심리적 체험을 서술하였습니다:

1. 예수님은 닥쳐올 고난과 죽음을 미리 보시고도 담담한 자세로 받아들이셨습니다.
2. 그분의 행동에서 진노하시는 모습이 나타납니다. 즉 당신의 몸을 상징하는 성전을 모독하는 자들에게 분개하셨고, 예수님을 사형에 처하기 위해 음모를 꾸미던 종교 지도자들을 개탄하셨습니다.

---

19 구원에 관한 설교: Sermo de redemptionis nostrae, *Opera omnia*, vol. IX, Ad claras aquas, Rome, 264c and 265d, 1901.

3. 그분은 자기를 죽이려는 자들과 협상하려는 유혹을 뿌리치십니다. 즉 안나와 가야파 그리고 헤로데와 빌라도와도 타협하기를 거부하십니다.
4. 그분은 겟세마니 동산에서 뼈를 깎는 듯한 괴로움을 겪으셨습니다.
5. 그분은 아버지의 뜻을 따라 자신의 죽음과 그 형태 및 시간까지도 받아들이시고, 돌아가시는 순간까지 그 고통을 받아들이십니다.

위의 다섯 단계는 예수께서 돌아가시기 전까지의 과정입니다.

그리고 다음의 세 단계는 그분께서 십자가 위에서 돌아가시면서 체험하시는 심리적 상태를 나타냅니다.

6. 자비: 그분은 자기를 사형에 처하고있는 자들과 우도를 용서하시고, 또한 어머니 마리아와 요한에게 다정스럽게 말을 건네십니다.
7. 버림받은 심정: "저의 하느님, 저의 하느님, 어찌하여 저를 버리셨습니까?"(마르 15:34).
8. 숨을 거두실 때 당신의 영혼을 아버지의 손에 맡겨드림으로써, 성령께서 우리에게 내리시는 새로운 시대가 열리게 합니다.

마지막 세 단계의 심리적 상태, 즉 예수께서 돌아가시는 과정의 내적상황은 그분께서 남기신 "마지막 일곱 마디의 말씀"이 말해주고 있습니다. 우리는 첫 세 마디의 말씀에서 자비와 사랑을, 그 다음의 말씀에서 버림받은 심정을, 그리고 마지막 세 마디의 말씀으로부터 새로운 세계의 시작을 위해 자신을 아버지께 맡겨드리는 모습을 볼 수 있습니다. 위에서 서술한 여덟 단계 중 첫 다섯 단계는, 엘리자베스 퀴블러-로스(Elizabeth

Kubler-Ross)의 저서 『죽음의 순간』[20]에서 설명한 다섯 단계를 따르고 있습니다. 퀴블러-로스 박사에 의하면, 임종을 앞둔 환자들이 일반적으로 겪게 되는 심리적 5 단계는:

1. 그들이 죽는다는 사실을 부인함
2. 이러한 상황이 그들에게 일어난다는 사실에 분개함
3. 그들은 죽음을 면하기 위해 의사나 하느님과 흥정함
4. 체념하고 침울한 상태로 빠짐
5. 죽음을 받아들임

예수님도 죄를 제외하면 우리와 다를 바 없으셨기 때문에, 죽음이 임박했을 때 일반적인 과정을 겪으셨다는 사실은 그렇게 놀라운 일이 아닐 것입니다.

마태오와 데니스 린(Mathew and Dennis Linn) 형제는 저서 『영육의 상처를 치유하시는 예수님』[21]에서, "삶을 통하여 입게 된 치명적인 상처가 정서적 심리적 영적치유를 위한 기회가 될 수 있도록" 퀴블러-로스의 임종 5단계에 따라 기도합니다. 우리는 린 형제의 방법을 예수께서 겪으신 심리적체험 단계를 따라 드리는 기도에 적용하여, 가능한 한 그분의 체험 안으로 깊이 들어가, 우리들 자신의 고통스런 기억과 상처 받은 체험들을 그분의 상처 안에 갖다 놓음으로써, 그분의 상처가 우리를 치유할 것입니다.[22] 우리는 린 형제가 내적치유를 위한 기도에 도입했던 퀴블러-로

---

20 Elizabeth Kubler-Ross, *On Death and Dying*, Macmillan, New York, 1969.

21 Mathew and Dennis Linn, *Healing Life's Hurts*, Paulist, New York, 180-188, 1978: 『영육의 상처를 치유하시는 예수님』엄영호 역, 성요셉 출판사, 1986.

22 저자(Faricy)는 린 형제가 퀴블러-로스 박사의 죽음을 앞둔 환자의 임종 5단계를, 용서와 기억의 치유의 5단계에 적용하여 많은 분들에게 도움을 주고, 특히 이 책에 도움을 준데 대하여 감사 드린다.

스의 다섯 단계를 따라 기도를 드림은 물론, 예수께서 십자가 위에서 돌아가실 때 체험하신 세 단계의 절차를 따라서도 기도할 것입니다.

우리들 각자는 하나 또는 그 이상의 지고가야 할 십자가를 가지고 있습니다. 그 십자가는 일과 관련된 것일 수도 있고, 고의적이든 아니든 나의 삶에 어려움을 주는 사람들이 될 수도 있으며, 질병이나 정서적 육체적 결함일 수도 있고, 끊어버릴 수 없는 죄의 형태일 수도 있습니다. 그리고 과거부터 계속되어온 어떠한 어려움, 즉 과거의 실패나 불명예스러운 일, 불행했던 어린시절, 가까운 사람의 죽음 등일 수도 있습니다. 기도 속에서 내가 어떤 십자가를 지고 갈 것인가를 안내해주시도록 간청하고 그분이 겪으신 고통과 함께 할 때, 그분의 상처가 나의 상처를 치유할 수 있게 됩니다.

기도 속에서 십자가를 지고 예수님을 따라감

"예수님께서는 "누구든지 내 뒤를 따르려면 자신을 버리고 제 십자가를 지고 나를 따라야 한다"(마르 8:34b)고 제자들과 군중에게 가르치십니다. 나는 자기연민이나 분노 그리고 상처에 집착하는 것과 같은 사치스러움을 스스로 거부하고, 예수님과 함께 기도하는 가운데, 나만의 특유한 십자가를 짊어질 수 있습니다.

1. 현실을 직시함

주 예수님, 제가 저의 십자가를 올바로 바라볼 수 있도록 도와주십시오. 당신께서 당신의 십자가를 가장 현실적인 눈으로 바라보실 수 있었던 것처럼, 저에게도 그 현실적인 안목을 함께 할 수 있도록 은총을 허락해주십시오. 마치 당신께서 바라보시는 것처럼, 저 또한 당신의 눈을 통하여 저의 상황과 십자가를 바라볼 수 있도록 해주십시오. 당신께서 그 안에서 허락하신 성장과, 처해진 상황 안에서 잘되도록 해주신 모든 것에 대해 감사 드립니다. 주 예수님, 저의 눈을 열어 고통스러웠던 그 어느 부분도 부정하지 않고 저의 상처들을 바라볼 수 있도록 강한 믿음을 주십시오.

(이 시점에서 나는, 마치 나를 완전히 이해하는 친구를 대하듯 하느님께 나의 상황을 나의 말로 설명드릴 수 있습니다.)

2. 노여움과 분노를 맞닥뜨려 해결함

주님, 이 상황에 대하여 내 안에 있는 어떠한 분노도 깨달을 수 있도록 도와주십시오. 당신은 노여움을 드러내기를 염려하지 않으셨습니다. 저도 제 안에 있는 노여움이나 분노 그리고 비통함이나 음울함을 깨닫고 느낄 수 있도록 도와주십시오. 그래서 제 자신의 분노를, 당신께서 예루살렘에서 닥쳐올 일을 미리 아시고 최후를 맞기까지 느끼셨던 그 진노와 합치겠습니다. 제 안에 어떠한 노여움이 있는지, 그리고 누구에 대한 분노가 잠재해있는지 저에게 보여주십시오. 그리고 어디에서 어떠한 상처를 받았는지도 알게 해주시고, 또한 그 상처로 인하여 현재 받고 있는 그리고 앞으로도 계속해서 받을 고통에 대한 제 마음속의 반응도 알게 해주십시오.

(여러분이 입은 상처와 그 상처에 대한 자신의 반응을 마음 속에 떠오르는 모든 느낌의 언어를 사용하여 주님께 설명 드리십시오. 또한 마음속에 있는 그 어떠한 분노나 노여움이나 적대감도, 그리고 냉혹함과 방어적인

자세의 근원이 되는 그 어떤 것도, 모두 "그 분에게 꺼내 보이십시오.")

하느님, 용서하고 사랑하기를 방해하는 그리고 당신으로부터 오지 않은, 분노와 노여움을 제 마음 속에서 없애 주십시오. 주님, 저의 마음 속에 있는 적의를 당신께 드리오니 받아주시고, 제가 마음껏 사랑할 수 있도록 당신의 사랑으로 채워주십시오. 분노로 둘러싸인 자기방어와 돌같이 굳어있는 마음을 없애주시고, 살결같이 부드러운 마음을, 당신의 자비로운 사랑을 저에게 허락해주십시오.

3. 타협하려는 유혹을 뿌리침

주님, 당신께서는 당신에게 고통을 가하는 자들을 변화시키려는 헛된 노력을 하지않으시고, 상황을 변화시킬 수 있는 조건을 만들거나 요구하지도 않으신 채, 묵묵히 당신의 고난을 받아들이셨습니다. 당신께서 하셨던 것처럼 저도 저로서는 어떻게 할 도리가 없는 일들을 받아들일 수 있도록, 그리고 저로서는 어떻게 할 수 없는 십자가를 당신과 하나되어 함께 지고 갈 수 있도록, 저를 이끌어주시고 도와주십시오.

(여러분이 다른 사람이나 상황이 변화되기를 요구하는 것과 같이 여러분의 고통에 대한 어떠한 조건을 달고 있지는 않는지, 잠시 주님을 바라보며 그분께서 보여주시도록 청할 시간을 가지십시오. 그분에게 여러분 자신의 말로 말씀 드리십시오.)

4. 슬픔과 우울함의 해결

주님, 겟세마니 동산에서 고뇌에 차서 죽음에 이르시기까지 겪으셨던 당신의 슬픔을 통하여, 제 마음속의 모든 슬픔과 우울함과 암흑을 치유하여주십시오. 제 안에 있는 어떠한 두려움이나 공포도 그리고 어떠한 비통함이나 슬픔도 깨달을 수 있도록 도와주십시오. 그리고 저의 마음을 당신의 사랑으로 가득 채워주시어, 온갖 두려움과 낙담 그리고 마지막 한치의 우울한 생각까지도 몰아내주십시오. 겟세마니 동산에서 당신께서 입으셨던 마음의 상처를 통하여 제 마음의 상처들을 치유해주시고, 그 자리에 당신의 사랑과 지금 그대로의 저를 조건 없이 받아들이시는 그 자비심으로 채워주십시오.

(여러분 안에 있는 분노가 자기증오로 변하여 나타날지도 모르는 어떠한 우울한 심정도, 주님께서 여러분에게 몸소 베푸시는 사랑으로 채워 주심으로써 여러분을 치유해주시도록 청하십시오. 여러분이 지니고있는 어떠한 두려움도 그분에게 모두 맡겨드리고 그분께서 그것을 없애주시도록 하십시오. 자신의 십자가에 대하여 어떻게 느끼는지를 말씀 드리고 그분의 치유능력을 받아 모십시오.)

5. 십자가를 수용함

주 예수님, 저는 이제 이 십자가를 지고자 합니다. 그리고 당신과 함께 아버지께 아룁니다: "아버지, 아버지께서 원하시면 이 잔을 저에게서 거두어 주십시오. 그러나 제 뜻이 아니라 아버지의 뜻이 이루어지게 하십시오"(루카 22:42). 제가 이 십자가 안에서 성장의 기회를 볼 수 있도록 도와주십시오. 왜곡된 것을 곧게 펴주시는 하느님, 저에게 십자가의 참된 모습을 볼 수 있게 도와주십시오. 이제 저는 당신과 하나가 되어, 저에게 향하는 당신의 자비로운 사랑에 마음의 문을 열어, 그 십자가를 당신의 사랑으로 받아들이고자 합니다.

(주님에게 (그분의 힘을 얻어) 이 십자가를, 나를 향한 그분의 사랑에 대한 응답으로, 그분과 함께 그분을 위하여, 받아들이겠다고 말씀 드리십시오.)

주님, 제가 이 십자가를 받아들일 뿐 아니라 제 삶의 부정적인 면을 포함한 모든 일에 대하여도 당신에게 찬미드릴 수 있도록 저를 치유해 주십시오.

십자가에 못 박히신 예수님과 함께 기도함

바오로는 "나는 그리스도와 함께 십자가에 못 박혔습니다. 이제는 내가 사는 것이 아니라 그리스도께서 내 안에 사시는 것입니다"(칼라 2:19b-20a). 여러분은 십자가에 계신 예수 그리스도를 바라보며, 십자가에 못박혀 돌아가신 그분의 치유능력으로부터 나오는 힘을 받아 모시면서, 여러분의 생활 안에서 만나게 되는 십자가를 위하여 지속적으로 기도드릴 수 있습니다. 노래의 가사 "그들이 나의 주님을 십자가에 못박을 때 당신도 그곳에 있었소?"[23]라는 질문에, 여러분은 "나는 지금 기도 중에 그곳에 있습니다"라고 대답하십시오.

6. 용서함

주님, 당신께서는 당신을 사형에 처한 자들을 용서하실 수 있었고 그

23 역주: 성가 "보았나 십자가의 주님을"의 영어 가사, "Were you there, when they crucified my Lord?"

들을 위하여 기도하실 수 있었습니다. 저를 용서해주십시오. 그리고 당신께서 십자가 위에서 베푸셨던 용서의 능력을 저에게 허락하시어, 저에게 상처를 입히고 저에게 잘못한 이들을 용서할 수 있게 해주십시오. 저를 용서해주시고 저에게 주시는 당신께서 지니신 그 용서의 능력을 저는 믿습니다. 그리고 이제 당신 앞에서, 저에게 상처를 입힌 모든 사람들을 용서합니다.

(여러분에게 알게 모르게 상처를 입힌, 지금 기도드리고 있는 그 십자가를 만들어 준, 모든 사람들을 한 사람씩 차례로 용서하십시오. 그리고 그들 각자의 이름을 부르며 그를 위해 기도드리고, 주님에게 그 사람을 용서한다고 말씀드리십시오.)

주님, 저에게 상처를 입힌 모두들 각자를 용서하고 사랑할 수 있는 마음을 저에게 주십시오.

7. 하느님께 부르짖음

주님, 당신께 부르짖사옵니다. 종종 저는 외롭고 버림받고, 당신이 저에게서 멀리 떨어져계심을 느낍니다. 깊은 구렁 속에서 당신께 부르짖나이다, 주님.

(주저하지 말고 주님께 진실로 호소하십시오. 시편 22장이나 69장의 탄식의 시편을 따라 해도 됩니다.)

8. 하느님께 자신을 내맡김

주 예수 그리스도님, 이제 제 자신을 당신에게 온전히 맡겨드립니다.

당신과 함께 저희 아버지께 울부짖습니다, "아버지, 제 영을 아버지 손에 맡깁니다"(루카 23:46). 그리고 주여, 당신께서 고난을 당하시고 돌아가실 때처럼, 저도 목이 탑니다. 당신 성령의 능력을 갈구하고 있습니다. 당신의 사랑으로 가득 찬 치유의 성령이 저와 저의 가까운 이웃들에게 새롭게 부어지기를 목마르게 기다립니다. 주 예수님, 어서 빨리 오소서.

십자가의 고난을 통한 치유기도의 다른 방법들

그리스도교의 전통을 통하여 예수님의 고난과 십자가에 못박혀 돌아가신 사건을 기억하며 기도를 드리는 많은 방법들이 고안되었습니다. 예를 들어 오늘날 많은 신자들이 성찬의식이나 십자가의 길, 예수 성심께 봉헌하는 기도, 이냐시오 성인(Saint Ignatius Loyola, 1491-1556)의 영성수련, 그리고 고통의 신비 묵주기도 등을 통하여 그 어느 때보다 큰 도움을 얻고 있습니다. 그러나 불행하게도 때로는, 예수님의 치유능력과 우리를 흔쾌히 치유하시는 그분의 사랑에 대한 생각을 거의 내지는 전혀 하지 않고 기도를 바치는 것 같습니다. 이러한 기도 (방법)들은, 특히 우리가 예수님의 고난과 죽음 안에서 치유와 구원을 발견할 수 있음을 믿고 신뢰하며 기도드릴 때, 주님의 고난을 관상할 수 있는 훌륭한 가치를 지니고 있습니다.

때로는 우리의 고통이나 비통함 또는 상처가 말로서는 도저히 표현할 수 없는 것일 수도 있습니다. 시편의 저자들이 이러한 언어적 표현의 한계를 경험하였습니다:

"제 마음이 쓰라리고
제 속이 북받쳤을 때
저는 멍텅구리, 알아 듣지 못하였습니다.
저는 당신 앞에 한 마리 짐승이었습니다.
그러나 저는 늘 당신과 함께 있어
당신께서 제 오른 손을 붙들어 주셨습니다."

(시편 73:21-23)

십자가 위에 계신 예수께서는, 이와 같이 말로 다 표현할 수 없을 정도의 심한 고통 속에서 드리는 기도에 대해서 익히 알고 계셨습니다. 우리는 14세기 익명의 저자가 저술한 『무지의 구름』으로부터 한 가지 유익한 권고를 소개하고자 합니다:

지금 내가 당신에게 말하는 대로 해보십시오. 좋으시고 은혜로우신 하느님을 있는 그대로 맞이하십시오. 마치 찜질약을 환부에 붙이듯이 주님을 병든 당신 자신에게 받아들이십시오. 또는 내가 다른 방법으로 설명하건대, 병든 당신 자신을 있는 그대로 좋으시고 은혜로우신 하느님께 들어올리고(보여드리고), 당신의 원의가 그분께 도달하도록 하여 영원한 건강을 얻도록 하십시오.[24]

성찬례는 주님의 고난과 죽음에 대한 기도의 가장 핵심이 되는 의식으로 최후의 만찬을 기념합니다. 최후의 만찬은 십자가의 희생을 예고했던 의식이었기 때문에 매 성찬례는 주님의 만찬 의식 뿐 아니라 그분의 희생적

---

24 *The Cloud of Unknowing and the Book of Privy Counseling*, Image Books, Doubleday, New York, 1973: 『무지의 구름』성찬성 역, 바오로의 딸, 1998.

인 죽음을 다시 거행하는 것입니다. 따라서 우리는 성찬례를 통하여 예수께서 지신 십자가의 치유능력을 받을 수 있는 것입니다.[25]

마태오와 데니스 린 형제는 기억을 치유하기 위해 십자가의 길을 따라 기도하는 훌륭한 방법을 제안하고 있는데, 그들의 간추린 기도의 한 부분을 소개합니다:

> 하나의 상처에 대한 기억은, 각 처에서 그리스도를 바라보면서 그분의 고통과 내가 상처를 받을 때 느꼈던 심정을 연관시켜 묵상함으로써 깊이 다루어 질 수 있습니다. 중학교 일 학년 적에 TV를 시청하며 틀리게 쓴 답으로 모욕을 당했던 그 기억도, 각 처에서 굴욕에 대처하시는 그리스도님의 모습을 바라보면서 치유 받을 수 있습니다. 이 과정에서 나의 느낌을 그리스도님께 말씀 드리고 그분의 응답을 받아들이는 것입니다.[26]

십자가의 길 14처 상은 거의 모든 카톨릭 교회나 소성당 안의 양쪽 벽을 따라 설치되어 있지만, 반드시 14처 상을 따라 기도를 바치지 않아도 됩니다. 그 기도는 어디에서도 바칠 수 있는데, 예를 들면 예수님의 고난의 길과 관련된 신약성서의 해당 구절을 따라 조용히 바칠 수도 있습니다.[27]

---

25 Mathew and Dennis Linn, 같은 책, 180–188, 1978: 같은 책, 엄영호 역, 1986.

26 Mathew and Dennis Linn, 같은 책, 236–237, 1978; 특히 미래에 대한 두려움과 불안의 치유를 위해 예수님이 동산에서 겪으신 고뇌를 관상하며 드리는 기도 방법을 권함 (237–238); 예수님이 하셨던 것처럼 우리도 남을 용서하기 위해 그분이 십자가 위에서 돌아가시기 전에 하신 마지막 일곱 말씀을 묵상하면서 드리는 기도 방법을 참고할 것(231–235)

27 십자가의 길은 13세기 초에 최초로 바치기 시작한 이후 주로 두 가지 방법이 사용되어 왔는데, 한 방법은 17세기 초 예수회 회원들이 강론한 7처로 된 예수의 수난 묵상 기도이며, 다른 방법은 18세기 프란시스코회의 강론으로 시작된 이후 오늘날까지 교회에서 널리 사용되어온 14처로 된 십자가의 길임; 역자 주) 오늘날 특수한 상황과 지향을 위한 다양한 방법이 사용되고 있음; 예) 여성을 위한 십자가의 길(성 바오로딸 수도회), 환자를 위한 십자가의 길(강남 성모병원).

일부 그리스도교 영성의 모범이 되었던 분들은, 이러한 역사적인 세부 사실을 뛰어넘어, 곧바로 예수님께서 우리에게 보여주신 당신의(고난의 동기인) 열렬하신 사랑의 마음 안으로 들어갑니다. 특히 창으로 찔린 예수님의 마음에 봉헌하는 기도는 우리 각자에 대한 그분의 사랑을 강조하고 있습니다. 시에나의 카타리나(Catherine of Siena)는 그리스도적 삶을 두 가지 관점, 즉 사랑과 십자가에 못 박히신 예수님과 하나가 되는 것으로 요약하여 다음과 같이 강조합니다: "여러분은 십자가에 못 박히신 예수님의 옆구리에서 사랑의 원천을 발견할 것이며, 또한 바로 그기가 여러분의 피난처이자 머무를 곳으로 찾는 곳이 되기를 원합니다."[28] 그리고 14세기 말 영국 최초의 여류작가이자 신비주의자였던 노르위치의 줄리안(Julian of Norwich)은 그녀의 기도에 다음과 같이 기록하고 있습니다:

> 그분께서는 당신의 옆구리에 나있는 바로 그 상처를 제가 깨닫도록 해주셨습니다. 그리고, 거기 그 안에 있는 맑고 기분 좋은 장소를 제게 보여주셨습니다. 우리 인류 전체가 구원되어 평화와 사랑 안에서 쉴 수 있는 너무나 광활한 그곳을. 곧바로 그분은, 당신의 사랑이 넘쳐흐르는 가장 사랑스럽고 값진 샘물로 저의 마음에 부어 주셨습니다....이렇게 좋으신 주님은 지체 없이 가장 행복에 넘친 음성으로, "내가 너를 얼마나 사랑하고 있었는지를 이젠 알겠느냐"하고 말씀하셨습니다.[29]

이냐시오 로욜라의 영성수련의 핵심이 되는 지혜는 십자가의 어리석음[30]

---

28 성녀 카타리나의 서한: *Le lettere di Santa Catarina*, P. Misciattelli ed., Mazocco, Florence, 36, 1939.

29 *The Revelation of Divine Love*, Chap 24, in Penguin edition, 170; in James Walsh trans., Burns and Oates, London, 87, 1961.

이며, 십자가를 통한 치유기도의 본보기가 되고 있습니다. 이냐시오는 영성수련의 방법으로 상상력을 동원할 것을 조언합니다: "십자가에 계신 우리 주 그리스도께서 당신 앞에 서 계신다고 상상해보십시오....고통 중에 계신 그리스도님을 바라보고있는 상태에서 당신의 마음속에 떠오르는 것들을 깊이 생각해보십시오."[31] 또한 그는 여러분의 감정을 기도 속으로 들여와 활동하게 하도록 권합니다. 우리가 예수님의 고난 속으로 들어가 기도드릴 때, "나의 죄로 말미암아 주님께서 고난을 받으시러 가는 만큼, 슬픔과 동정과 부끄러움을 청할 것이며,"[32] "아픔으로 가득차신 그리스도와 함께 아파하고, 근심하시는 그리스도와 함께 근심하고, 그리스도께서 나 때문에 받으신 그렇게 많은 고난에 대하여 눈물과 슬픔을 간구할 것"[33]을 조언합니다. 이러한 감정들은 우리가 간구하려고 하는 기도에 대한 선물이자 하느님의 은총임을 깨달아야 합니다. 그러나 동시에 "우리 주 그리스도의 그렇게 가혹한 고통에 대하여 슬퍼하고 아파하도록 노력하기 위해"[34] 우리가 이들 은사와 협력하고 더 많은 은사를 바라도록 힘써야 한다고 조언합니다. 나아가 나는 "우리 주 예수 그리스도께서 태어 나서부터 고통의 신비에 들어가시기까지 참아 견디신, 노동과 피로와 고통을 내 마음 안에 자주 떠올려, 나 자신에게 슬픔과 고통과 고뇌를 각성 시키도록"[35] 해야 할 것입니다.

이냐시오는 예수께서 겪으신 고난의 물리적인 측면 보다 내적 태도의 관점을 강조합니다. 그래서 우리는 "그리스도께서 인간 본성으로 겪으신

---

30 *The Spiritual Exercise of St. Ignatius*, trans. L. Puhl, Newman, Westminster, Maryland, 1967: 『성 이냐시오의 영신수련 (라틴어 원본)』윤양석 역, 한국천주교중앙협의회, 1967(초판), 1995(2판).

31 같은 책, 53번.

32 같은 책, 193번.

33 같은 책, 203번.

34 같은 책, 206번 (영어 판).

35 같은 책, 206번.

것," "그분이 몸소 겪으시기를 원하신 것," "그토록 잔악한 고통을 당해내신 가장 고결한 성품," "나의 죄 때문에 그리스도께서 겪으신 그 모든 것들," "그분을 사로잡았던 거대한 공포"[36]를 관상하도록 요청 받습니다. 이냐시오는 예수님이 "나의 죄 때문에," "나를 위하여" 돌아가셨음을 강조함과 동시에, 그 예수님이 바로 "나의" 구세주이심을 강조합니다. 이와 같이 "그리스도께서 지신 십자가의 의미와 목적은 다른 누구도 아닌 바로 나 자신을 위한 것입니다 (I am the meaning of Christ's cross)."[37] 십자가는 예수님의 나에 대한 사랑의 위대함을 말해줍니다. 예수님은 나에게 그분의 고난에 동참할 것을, 그분의 체험 속으로 들어가 그분과 함께 고뇌와 고통을 받기를 원하십니다. "그것은 단지 실제 체험을 통해서, 즉 하느님의 은총과 나의 노력으로, 그분이 어떻게 하여 죽음의 체험을 새로운 창조로 변화시키셨는가를 나 스스로 체험함으로써 가능합니다."[38] 이와 같이 내 스스로 자신의 십자가를 통하여 현재 또는 과거 안에서 그 죽음을 체험으로써, 내가 치유되어 새로운 창조로 변화될 수 있습니다.

이냐시오는 또한, 십자가에 "함께 계신" "가장 큰 슬픔에 잠긴 예수님의 어머니"와, "그녀와 제자들의 크나큰 슬픔과 고통"에 대하여 관상할 것을 권합니다.[39] 이와 같이 십자가를 관상하며 치유기도를 바칠 때, 예수님의 어머니이신 마리아의 처지를 깨닫도록 우리를 인도해줍니다.[40]

---

36 같은 책 (영어 판), 셋째 주간

37 Stephen Sundborg의 "이냐시오의 십자가 영성"(개인 논문): Ignatian Spirituality of the Cross, unpublished paper.

38 같은 논문.

39 『영신수련』297번과 298번.

40 역자 주: 관상과 식별에 관한 서적, 예) Robert Faricy, *Seeking Jesus in Contemplation and Discernment*, Michael Glazier,Wilmington, Delaware, 1983: 『관상과 식별-어떻게 해야 하느님의 뜻을 잘 알아들을 수 있는가?』 심종혁(예수회) 역, 성서와 함께, 1996.

제 6 장

십자가에 서계시는 예수님의 어머니

"길을 지나가는 모든 이들이여
살펴보고 또 보시오.
당신의 격렬한 진노의 날에
주님께서 고통을 내리시어
내가 겪는 이내 아픔 같은 것이 또 있는지."

(애가 1:12)

마리아님의 상처

예수님의 어머니이신 마리아도 그 누구 못지않게 심한 슬픔과 고통을 받으셨습니다. 그녀의 고생은 나자렛에서 천사의 방문을 받는 순간부터 시작되었습니다. 마리아가 "요셉과…같이 살기 전에"(마태 1:18) 임신을 하게 되자, 요셉은 그녀와 "남모르게 마리아와 파혼하기로"(1:19) 마음먹게 됩니다. 의심할 나위 없이 그녀의 평판은 땅에 떨어졌습니다. 여인네들의 부지런한 눈과 입이 이 사실을 못 본채 지나칠리 없기 때문입니다. 그러자 아기가 태어나게 되는데, 그 장소가 불결하고 가축의 냄새와 배설물로 찬 마구간이었습니다. 곧 이어 시므온의 음울한 예언으로 그녀에게 찾아온 충격은, 아기를 성전에 바쳤던 그 행복했던 날을 평생 동안 그녀를 따라다니는 불길한 징후로 바꾸어 놓고 맙니다: "보십시오 이 아기는 이스라엘에서 많은 사람을 쓰러지게도 하고 일어나게도 하며, 또 반대를 받는 표징이 되도록 정해져 있습니다. 그리하여 당신의 영혼이 칼에 꿰찔리는 가운데, 많은 사람의 마음 속 생각이 드러날 것입니다"(루가 2:34-35). 매 위기 때마다 마리아는 그녀의 아기가 화를 입게 될 시간이 찾아왔다고 생각할 수 밖에 없었습니다. 곧 헤로데가 "아기를 찾아 없애 버리려고"(마태 2:13) 하자, 이 젊은 가족은 대학살을 피해 정치적 망명의 길을 떠나게 됩니다. 그 후 이집트에서 그들은 이민이자 외국인의 신분으로 살며, 살 집과 일자리가 절실하였고, 이민으로서 받게 되는 사회적 차별에 노출되게 됩니다. 헤로데가 죽자 그들은 나자렛으로 돌아와 정상적인 삶을 살아가게 되는데, 그 생활도 오래가지 않았으며 예루살렘에서 아이를 잃고 삼일간 찾아 헤매야 하는 악몽을 겪게 됩니다. 두려움과 자기비난 그리고 공포의 날들은, 아기를 잃고 찾아본 적 있는 많은 부모들은 쉽게 이해하리라 믿습니다.

나자렛으로 돌아온 후 조용한 몇 년 동안 예수님은 성장하게 되고, 그분의 공생활이 시작됩니다. 예수님은 공생활의 시작과 함께 곧 바로 사회의 권위와 맞서게 됩니다. 마리아님은 앞으로 자신의 운명이 어떻게 전개될지를 보고있었고 또한 그 필연적인 결과도 미리 알고 있었습니다. 마리아는 갈바리아로 가는 길에서 예수님이 수난당하시는 모습을 똑똑히 보았습니다. 어머니인 마리아에게는 "어떤 사람보다 수려하시며, 당신의 입술은 우아함을 머금어 하느님께서 당신에게 영원히 강복하신"(시편 45:3) 아들

이었지만, 예수님의 고난은 어머니의 가슴을 찢어 놓습니다:

> "사람들에게 멸시받고 배척당한 그는 고통의 사람, 병고에 익숙한 이었다. 남들이 그를 보고 얼굴을 가릴 만큼 그는 멸시만 받았으며 우리도 그를 대수롭지 않게 여겼다."
>
> (이사 53:3)

전통적으로 마리아의 고통은, '칠대고통(Seven Dolors or Sorrows)'으로 전해 내려오고 있습니다. 이 칠고는 묵주기도 7단(각 단×7알)으로 기도를 바치거나, 마리아님의 고통을 관상하는 가운데 그녀와 함께 있는 방법으로 기도드릴 수 있습니다. 마리아의 칠고는:

1. 시므온이 예수의 고난과 죽음을 예언함
2. 이집트로 피난 가심
3. 예루살렘에서 아기 예수를 잃으심
4. 마리아께서 갈바리아 언덕길에서 아들을 만나심
5. 마리아께서 십자가 발채에 서계심
6. 예수님의 시신을 십자가에서 내려 어머니의 품에 안으심
7. 예수님을 무덤에 묻으심

갈바리아 언덕길에서 예수님과의 만남에서 그리고 예수께서 달리신 십자가 아래에 서있을 때, 마리아께서는 예수님이 그녀와 우리들을 위하여 돌아가신다는 것을 알고있었습니다. 그녀도 우리와 꼭 같은 피조물이기 때문에, 예수님의 구원을 위한 죽음이 필요했습니다. 분명 그녀는 결코 죄를 짓지 않았고 또한 하느님의 외아들이신 예수님의 어머니이기 때문에, 마리아께

서는 '원죄의 약함(weakness of original sin)'이 없이 잉태되었습니다. 그러나 한편으로는, 예수께서 분노하셨던 것과 마찬가지로, 그녀의 인간적인 감정도 온갖 노여움을 담지 않을 수 없었습니다. 그리고 예수님에게 그랬던 것처럼, 하느님의 나라가 그녀를 거부했을까요? 그렇습니다. 아무리 "소리지르며 도움을 청해도 그녀의 기도 소리에 귀를 막아 버리시고,…그녀의 앞길을 막아 버리셨습니다"(애가 3:8). 마리아께서는 예수님의 고난을 그녀의 마음 안에서 함께 나누어 집니다. 그녀는 심지어 (아버지이신 하느님과 마찬가지로) 그녀의 외아들을 바쳐야 하는 고통스러운 요구에도, 완전히 버림받은 상태에서 아버지 하느님에게 "예"하고 대답했습니다. 바오로가 "예수 그리스도께서는 '예'도 되시면서 '아니오'도 되시는 분이 아니셨기 때문입니다. 그분께서는 늘 '예'만 있을 따름입니다"(2코린 1:19)라고 말했듯이, 마리아도 나자렛에서 처음으로 하느님의 명령에 "예"하고 대답한 이후, 평생동안 순종의 삶을 사셨습니다. 마리아의 대답 "말씀하신대로 저에게 이루어지기를 바랍니다"(루가 1:38)는, 예수님의 대답 "제 뜻이 아니라 아버지의 뜻이 이루어지게 하십시오"(루가 22:42)의 반향입니다.

그리고 예수께서는 당신의 어머니를 내려다보시며, 요한이라는 인간을 통하여 지칭하신 우리를, 그녀의 자녀로 생각하고 돌봐줄 것을 부탁하십니다. 이것은 세상의 죄가 그분을 십자가에 못박는 순간에 일어난 일입니다. 마리아님의 대답은 우리를 완전히 용서하는 것입니다:

> 마리아께서는, 사랑의 기적 안에서 우리를 당신의 자녀로 받아 주시기 위해, 넓으신 아량으로 당신의 외아들을 의로우신 하느님에게 드리고, 당신 자신은 고통의 창에 찔려 당신의 마음 안에서 아들과 함께 돌아가셨습니다.
>
> (교황 레오 13세)[41]

우리의 중재자이신 어머니

마리아는 어떻게 그러한 고통을 내적으로 치유하실 수 있었을 까요? “(그녀의) 파멸이 바다처럼 큰데 누가…낫게 하리오?”(애가 2:13). 예수님은 부활을 통하여 치유되셨지만, 그분께서 손과 옆구리에 난 상처를 그대로 지니셨던 것은 특별한 의미를 갖습니다. 내적치유란 상처를 없애주는 것이 아니고, 부정적인 면을 제거하고 치유된 자리를 강하게 그리고 심지어는 영광스럽게 만들어줍니다. 우리의 복되신 성모님이 루르드나 파띠마와 같은 장소를 택하여 이 지구상에 발현하셨을 때마다, 육체적·내적 치유의 은사가 일어났습니다. 사실상 내적치유를 수반하지 않고 육체적 치유만이 일어난 적은 없었으며, 심지어 놀라운 현상은 변모(transformation)가 일어난 사실입니다. 우리는 우리의 가장 감당하기 어려운 고통을 치유받기 위해 마리아님에게 다가갈 수 있습니다. 특히 자녀나 배우자를 잃거나, 다른 사람의 부주의 또는 원한으로부터 오는 고통 등, 그것이 크건 작건 간에 마리아님의 자비가 미치지 않을 곳은 없습니다.

루가 복음에서는 마리아를 그리스도인의 귀감으로, 이스라엘의 신심 깊은 여종으로, 고난 속에서도 하느님에 대한 충직한 믿음을 잃지 않았던 “불쌍한 여인”으로 이해하고 있습니다(루가 1:48, 52). 또한 루가는 예수님의 구원의 고행에 마리아님도 함께 하셨다고 말합니다. 예언자 시므온의 말대로 예수님이 “많은 사람의…표징이 되어…” 당하신 수난에, 마리아도 “당신의 영혼이 칼에 꿰찔리듯…” 동참한 것입니다(루가 2:34b-35a). 반면 요한 복음은 십자가 아래에 서계시는 마리아의 처지에 관해 설명하고 있습니다.

---

41 교황 레오 13세: Pope Leo XIII, Encyclical, *Jucunda semper*, September 8, 1894.

요한 사도에게 마리아는 주로 믿음의 표상입니다. 그녀가 십자가에서 보여준 그 믿음은 가나의 혼인잔치(요한 2:1-12)에서 보여준 믿음의 연장입니다. 요한 복음은 가나와 십자가 두 사건을 나란히 대조합니다. 이 두 사건은 예수님의 공적 생활의 시작과 마감을 나타내고 있습니다. 예수님의 어머니로서 두 곳에 함께 계셨던 마리아는, 예수님에 의해 "인류의 어머니로" 불려지게 됩니다. 그리고 이 두 사건 모두가 하느님의 "섭리의 때(providential hour)"로 간주됩니다. 요한은 이 세 가지 사실을 나란히 대조함으로써, 더욱 심오한 현실의 상징으로 나타내고자 합니다.

가나의 혼인잔치에서 마리아는, 포도주가 다 떨어져 어쩔 줄 몰라 하는 주인을 돕기 위해 아들에게 기적을 행하여 줄 것을 부탁합니다. 그녀가 부탁하자 예수님은 그 청을 들어주십니다. 요한 복음의 정신에 따라, 나는 마리아께서 가나에서 하신 것처럼 해주시도록 청할 수 있습니다: 예수님께서 어려운 상황에 처한 나를 구제해주시도록 말입니다. 나는 어느 누구에게 나를 위해 기도해줄 것을 부탁하거나 서로를 위해 함께 기도드릴 수 있습니다. 마찬가지로 가나의 선례를 따라, 십자가의 능력으로부터 오는 내적치유를 위해, 예수님의 어머니에게 나를 위해 나와 함께 기도해주시도록 청할 수 있습니다.[42] 그녀는 예수님의 어머니시고, 예수님이 돌아가시는 그 순간에 거기에 계셨습니다.

나아가 마리아께서는 나의 어머니십니다. 나의 생물학적 어머니이실 뿐 아니라, 설사 누군가 다른 여인이 그분의 역할을 대신하여 나를 키웠다손 치

---

42 예수님에게 치유기도를 드릴 때 그분 어머니의 중재를 통하는 것은 그리스도교의 관례였다. 560년 경 찬송가 작가인 Romanos는 그의 노래 "나병환자(Leper)"에서 예수 그리스도님에게 내적치유를 구하면서 다음과 같이 교창으로 기도하였다: "당신께서 나병 환자를 깨끗이 낫게 하셨듯이, 전능하신 이여, 당신의 자비로 병든 우리 영혼을 낫게 하소서. 우리를 대신하여 중재하시는 하느님 어머니의 손길이 닿게 하소서. 오 우리 영혼의 치유자시여…": *Romanos le Melode hymn*, Introduction, critical text, translation and notes by J. Grosdidier de Matons, vol. II, Sources chretiennes no. 100, Cref, Paris, 360, 1965.

더라도, 예수님의 친어머니이신 하늘에 계신 그녀는 나의 어머니이십니다.

예수님은 강생을 통하여 즉 마리아를 통하여 출생하심으로써 우리들에게 가장 먼저 오셨습니다. 마리아는 예수님의 어머니십니다. 이 말은 분명 과거에 한 때 "그분의 어머니 였다(was his mother)"는 의미가 아니라 지금 현재에도 "어머니이심(is)"을 의미합니다. '어머니이심 또는 모성'은 영원한 관계이기 때문입니다. 나의 어머니는 항상 그리고 영원히 나의 어머니이며, 나의 어머니라는 사실은 항상 변치 않을 것입니다. 왜냐하면 마리아님의 모성은 영원한 관계이기 때문에, 왜냐하면 예수께서 그 관계가 시작된 순간에 우리에게 최초로 오셨기 때문에, 왜냐하면 예수께서 마리아를 통해서 우리에게 최초로 오셨기 때문에, 그분은 항상 마리아를 통해서 우리에게 오십니다. 은총의 생명이신, 내 안에 계신 예수님의 생명은 마리아를 통해서 나에게 오십니다. 이것이 교의상으로 마리아의 역할을 '은총의 중재자(Mediatrix of grace)'로 정의하는 이유입니다. 모든 은총은 예수님 안에 계신 아버지로부터 오고 또한 성령님을 통해서 우리에게 베풀어 지며, 다시 그 은총들은 하느님의 '인류로 통하는 문(door)'인 마리아를 통해서 옵니다.

은총의 하향중재(descending mediation) 경로는, 상향중재(ascending mediation) 경로와 반드시 일치함을 뜻하는 것은 아닙니다. 다시 말해서 하느님의 은총이 마리아를 통해서 온다는 것은, 내가 은총을 얻기 위해 반드시 마리아를 통해야만 가능하다는 것을 의미하는 것이 아닙니다. 나는 예수님에게 직접 기도드릴 수 있고, 또한 아버지이신 하느님에게 직접 기도드릴 수도 있습니다.

하향중재 경로가 상향중재 경로로도 사용될 수 있음을 의미합니다. 따라서 나는 마리아님께 나를 위해 기도 드려주시도록 간청할 수 있으며, 그런 의미에서 우리는 마리아님께 기도를 드립니다.

마리아는 내 안에 계신 '예수님의 생명(life of Jesus)'의 어머니이자 은총의 중재자이시기 때문에, 그녀는 영적위계(spiritual order) 안에서 나의 어머니이십니다. 예수께서 십자가에서 돌아가시기 직전에 마리아께서 당신의 인격적·영적 어머니이심을 실증하십니다.

예수님은 십자가 발채에 서계시는 당신의 어머니이신 마리아에게, "여인이시여, 이 사람이 어머니의 아들입니다"하고 말씀하신 후, 요한에게도 "이 분이 네 어머니시다"하고 말씀하셨습니다(요한 19:26-27). 그리스도 교회의 전통은, 십자가에서 예수님의 어머니 옆에 서있었던 요한이 우리들 각자를 의미한다고 주장해왔습니다. 예수님은 우리 각자를 당신의 어머니에게 맡기고 돌아가십니다. 그리고 그분은 당신 자신의 어머니를 우리의 어머니로 주셨습니다.

마리아님은 나의 어머니시기 때문에 나는 그분에게 내적치유를 위해 기도드릴 수 있습니다. 나는 내적치유를 위해 예수님에게 기도해주시도록 그녀에게 간청할 수 있습니다. 또한 나는 마리아님과 함께 기도드릴 수 있고, 치유기도를 바치기 위해 그녀와 함께 하느님에게 다가갈 수 있습니다.

내적치유를 위한 기도를 드릴 때, 나는 마리아님과 함께 하느님에게 울부짖고 탄식할 수 있습니다.[43] 나는 나의 상처와 그녀의 상처가 하나되게 함으로써, 십자가 아래에서 그녀가 겪으신 슬픔과 나의 슬픔이 하나되게 할 수 있습니다. 나는 예수님의 어머니와 함께 하느님 아버지에게 기도드릴 수 있습니다:

---

43 8세기 아일랜드의 시인 Blathmac은 "나에게 오소서, 사랑하는 마리아여. 나와 함께 당신의 가장 소중한 분의 죽음을 통곡하소서"로 시작하는, 마리아와 함께 하는 긴 탄식의 시를 썼다: Donal Flanigan, "Mary in the Poems of Blathmac," in *De cultu mariano saeculis VI-XI*, vol. III, Pontificia academis mariana internationalis, Rome, 269, 1972.

시간과 계절이 바뀌고
몇 세기 몇 세대가 흘러도;
주여, 당신만은 조금도 변치 않으시고
그 모든 것을 초월하여 계십니다.

그러나,
당신의 아드님께서 이 세상에 오시어
여인의 몸에서 태어나시고,
저희 죄를 대신하여
고난을 당하시고 십자가에 못 박히셨습니다.

주여, 저희의 울부짖음이 들리지 않으십니까?
당신의 아들께서 받아주셨던 저희의 호소를
외면하시렵니까?
당신은 그분의 어머니이신 마리아의 기도를
져버리시렵니까?
주여, 저희로 하여금 깨닫게 해주십시오;
당신의 아들과 성령님이 함께 사시는,
당신 왕국의 자유를,
그곳의 끝없는 자유를.
당신 왕국의 자유가 영원히 있어지이다. 아멘.[44]

예수님의 어머니시며

44 영국의 미사기도문에서: Memorial of Our Lady of Ransom (September 24).

나의 어머니이신 마리아님;
저의 어머니가 되어주시고,
저를 위해 기도해주시고,
지금 저와 함께 기도해주셔서
감사 드립니다.

예수님,
당신의 어머니와 함께,
당신께서 저에게 주신,
천국에 계시는 그 어머니와 함께
당신에게 가고 있습니다.
그분은 지금 저와 함께,
저를 위해 기도드립니다. 아멘.

제 3 부

예수님, 성령님의 은사, 내적치유

Jesus, The Gifts of the Spirits, and Inner Healing

제 7 장

찬양과 성령님의 은사를 통한 치유

이냐시오 로욜라의『영신수련』의 머리말은 다음과 같이 시작합니다: "인간은 찬양하기위해 창조되었다." 그 의미는 바오로가 에페소인들에게 보낸 서한 1장 5-6절의 반향입니다: "예수 그리스도를 통하여 우리를 당신의 자녀로 삼으시기로 미리 정하셨습니다. 이는 하느님의 그 좋으신 뜻에 따라 이루어진 것입니다. 그리하여 사랑하시는 아드님 안에서 우리에게 베푸신 그 은총의 영광을 찬양하게 하셨습니다." 우리의 가장 중요한 행위 중 하나인 하느님을 찬양하는 것은 우리가 창조된 목적이며, 이 목적을 우리가 이행함으로써 하느님께서 우리를 보다 더 완전하고 인간답고 조화롭게 만들어 주시도록 기대할 수 있습니다. 주님께서 우리를 창조하신 목적은 그분을 찬양하는 것이며, 찬양은 우리를 치유해줍니다. 즉 우리가 그분을 찬양할 때, 그분께서는 우리의 찬양을 통하여 치유해주십니다.

찬양

그렇다면 찬양(praise)이란 무엇인가요? 우선 찬양은 감사와 구별됩니다. 하느님에게 감사를 드린다는 것은, 그분의 은사에 대한 고마움을 나타내는 것이며, 기도를 통하여 받은 은사를 감사기도에 담아 그분에게 다시 돌려드리는 것입니다. 그러나 하느님을 찬양한다는 것은 소위 그분을 인정해드리는 것이며, 그분께서 베푸시는 은사에 대해서가 아니라 그분께서 하느님이심을 또는 그분의 존재를 인정해드리는 것입니다. 또한 "찬양은 그분으로부터 받은 것에 대한 감사(thanksgiving)에서 그분의 하느님이심에 대한 감사가 이루어지는 시점이며, 또는 '영광(Gloria)'이라는 말로 '당신의 위대한 영광에 대하여 감사 드립니다'."[45] 나는 하느님께서 행하시는 행위 그 자체나 행하신 결과에 대해서, 그리고 그분의 창조사업이나 그분에 의해 창조된 어떤 대상에 대하여도 그분을 찬양할 수 있습니다. 그분은 만물의 주인이심으로 나는 그 어떤 것에 대해서도 찬양할 수 있습니다. 또한 나는 하느님과 그분이 지니신 속성들, 즉 선하심과 사랑과 지혜와 무한히 위대하심을 찬양할 수 있습니다. 엄밀히 말해서 나는 그분에게 감사드리는 것이 아닙니다. 나는 존재하시는 주님의 모습 그 자체를 찬양하고, 또한 이것들을 행하시고, 이것들이 이렇게 존재하도록 창조하시고, 그분께서 행하신 바대로 행하여지는 것에 대하여 그분을 찬양합니다.

찬양은 경배(adoration)와 유사하지만 보다 더 적극적이고 하느님에게 더 가까이 나아가는 것으로, 때로는 마음속으로나 소리 높여 말하기도 하고, 때로는 외치거나 신호로 하기도 하고, 때로는 노래하고 춤을 추기도 합니다. 찬양은 하느님을 경축하는 것입니다. 경배는 인간의 전 존재가 하느

---

45 Peter Hocken, *You He Made Alive*, Daton, Longman and Todd, London, 79pp, 1974.

님 앞에 말없이 조용하게 꿇어 엎드리는 것을 의미하는 반면(묵시 4:10, 7:11), 찬양은 음성을 지닙니다:

> "그러자 스물네 원로와 네 생물이 어좌에 앉아계신 하느님께 엎드려 경배하며, '아멘. 할렐루야!'하고 말하였습니다.그때에 어좌에서 이렇게 말하는 목소리가 들려왔습니다.
>
> '하느님의 모든 종들아
> 낮은 사람이든 높은 사람이든
> 하느님을 경외하는 모든 이들아
> 우리 하느님을 찬미하여라.'
>
> 나는 또 많은 무리의 목소리 같기도 하고 큰 물소리 같기도 하고 요란한 천둥소리 같기도 한 소리가 말하는 것을 들었습니다.
>
> 할렐루야!
> 주 우리 하느님,
> 전능하신 분께서 다스리기 시작하셨다."
>
> (묵시 19:4-6)

찬양은 하느님에게 아무것도 드리지 않습니다. 단지 하느님이신 그분을 환호와 갈채로 찬양하는 것입니다. 그분께서 행하셨거나 행하고 계시는 것과, 항상 존재해오셨고 지금도 존재하고 계신 모습에 대하여 환호하는 것입니다. 또한 찬양은 과거나 미래를 바라보는 것이 아니고, 바로 이 순간 하느님을 똑바로 쳐다보고 갈채를 보내드리는 것입니다. 찬양은 하느님께 영광을 드리는 것으로, 그분께서 드러내신 영광을 찬양함으로써 그분에게 영광을 드리는 것을 의미합니다. 그래서 제1차 바티칸 공의회(1869-1870)도 "세계는 하느님의 영광을 위해 창조되었다"라고 공헌하고 있습니다.[46] 이 "하느님의 영광"이란 말은 두 가지 의미를 포함합니다: 1) 하느님께서 그분의 피조물에게 주시는 영광을 통하여 피조물은 그분의 위대하심을 밝게 드러내는 동시에, 2) 피조물은 그분의 위대하심이 드러나는 것에 대한 응답으로 하느님에게 찬양을 드려야 합니다. 자연과 역사는 하느님의 영광을 드러내어 보여줍니다. "세계는 하느님의 장엄함으로 충진되어 있어서, 그 장엄함은 흩뿌려진 금박과 같이 불 타오를 것입니다"(홉킨즈).[47] 또한 우리는 그분을 드높이 찬양하고, 그분께서 우리에게 드러내시는 그분의 영광에 대한 보답으로 그분의 영광을 더해드리도록 부름을 받습니다. 우리는 주님의 영광을 찬양하며 살아가도록 명하심을 받았고 또한 그럴 수 밖에 없는 운명이다(에페 1:12, 14) 라고 말한 바오로 사도를 따라, 삼위일체의 엘리사벳은 "주님의 영광을 찬미하는 것"이 되는 것 외에 다른 무엇이 되는 것도 바라지 않았습니다.[48] 또한 홉킨즈는 그의 시에서 "하느님에게 영광을," "그분에게 찬미 드리세"라고 표현하고 있습니다.[49]

왕이나 지위가 높은 사람에게 상찬(賞讚) 할 제목의 목록인 "찬양명부"는 반투족(역주: 중·남 아프리카의 부족)의 구전문학의 가장 중요한 부분을 이룹니다. 그리스도교의 호칭기도는 주님에 대한 일종의 찬양명부이며 탄원기도를 포함합니다. 예를 들어:

"우리를 위하여 기도해주소서"

---

46 가톨릭 신앙에 대한 교의 헌장, 제1장 규범5: *Dogmatic Constitution on the Catholic Faith, Dei Filius.*

47 역주: G. 홉킨즈(예수회)의 詩, *God's Grandeur: Poems of Gerald Manley Hopkins*, Oxford University Press, 1970.

48 Elizabeth of the Trinity: *Ecrits spirituels*, ed. R.P. Philipon, Seuil, Paris, 203-204, 1974.

49 역주: G. 홉킨즈(예수회)의 詩, *Pied Beauty.*

"주여, 우리를 자유롭게 하옵소서"

"우리의 기도를 들어주소서"

예수 성명 호칭기도, 예수 성심 호칭기도, 예수 성혈 호칭기도, 로레토 호칭기도 등은 좋은 예입니다. 제목과 탄원 내용은 "찬양명부"와 같이 다양하고 그 자체가 찬양이며, 탄원 노래로 꾸준히 보완되어 오고있습니다.

시편의 많은 부분은 찬양노래와 찬양기도로 구성되어있습니다. 시편에 나타난 찬양은 단순한 구조로 되어있습니다. 짧은 서두는 다음과 같이 찬양의 어조로 시작합니다:

"내 영혼아, 주님을 찬양하여라" (시편 146)

"저의 임금이신 하느님, 당신을 들어 높입니다.
영영세세 당신이름을 찬미합니다." (시편 145)

"주님을 찬양하여라, 모든 민족들아
주님을 찬미하여라, 모든 겨레들아." (시편 117)

"온 세상아, 주님께 환성 올려라" (시편 100)

"내 영혼아, 주님을 찬미하여라" (시편 103, 104)

그 다음에는, 시편에서와 같이 하느님을 찬양하고자 하는 내용이 뒤를 잇습니다:

그분의 창조사업 (예, 시편 104, 108)

그분의 선하시고 어지심 (시편 103, 117, 145)

그분의 전능하신 위업 (예, 시편 29, 113)

마지막으로, 끝맺는 부분은 서두에서 소리쳐 찬양한 구절을 반복하거나:

"주를 찬양하라" 또는

"주 저희의 주님
온 땅에 당신 이름, 이 얼마나 존엄하십니까!"
(시편 8)

또는 시편 본 절의 주요 주제를 요약합니다:

"주님께서는 선하시고
그분의 자애는 영원하며
그분의 성실은 대대에 이르신다."
(시편 100)

이 밖에 다른 찬양 노래들도 구약의 곳곳에서 찾아볼 수 있습니다. 이사야서 25장은 "주님, 당신은 저의 하느님. 제가 당신을 높이 기리며 당신 이름을 찬송하리니…"로 시작하며, 이사야서 42:10은 "주님께 노래하여라, 새로운 노래를. 땅 끝에서부터 그분께 찬양을 드려라"(이사 42:10)라는 구절로 시작합니다. 나훔 1장 2-8절에는 극성스레 "보복을 하시는 하느님"

을 찬양하고 있습니다. 모세 또한 하느님의 승리를 찬양하는 노래에서, 파라오의 군대로부터 그의 백성을 건져 주신 하느님에게, 그분의 권능과 그분의 변함없는 사랑에 대하여 그분을 찬양하고 있습니다: "나는 주님께 노래하리라. 그지없이 높으신 분, 말과 기병을 바다에 처넣으셨네"(탈출 15:1-21). 찬양은 또한 역대기에서도 자주 볼 수 있습니다. 역대기 하권 20장에는 여호사밧이 임명한 사람들이 군대의 맨 앞에 정열하여 "주님을 찬송하여라. 주님의 자애는 영원하시다"(21절)를 노래하며 하느님을 찬양하는 장면이 나옵니다.

신약성서의 하느님을 찬양하는 내용은 루가 복음과 사도행전이 중요한 부분을 이루고 있습니다. 복음 말씀에는 "마리아의 노래"(루카 1:46-55)와 "즈카리아의 노래"(루카 1:68-79), 그리고 예수님의 탄생을 기뻐하는 천사들(루카 2:13-14)과 목동들(루카 2:20)이 하느님에게 드리는 찬양과 영광으로 시작합니다. 이 찬양은, 짧은 찬송(루카 2:28-32)으로 하느님을 축복하고 그분에게 영광 드리는 시므온과 여성 예언자 안나의 이야기(2:38)에서 계속됩니다. 루카는 예수님이 행하신 치유와 다른 기적들을 증거한 자들 뿐 만 아니라, 예수께서 치유하신 사람들이 하느님을 찬양하고 그분께 영광을 드리는 모습을 자주 보여줍니다.[50] 예를 들어, 예리고의 한 소경이 앞을 볼 수 있게 되자, 군중도 모두 그것을 보고 하느님께 찬미를 드렸습니다(18:43). 사도행전에는, 공동체 생활을 하던 신도들과(2:47), 성전 "아름다운 문"에서 치유된 자들과(3:8-9), 개종한 이방인들과(10:46, 13:48, 19:17), 예수께서 행하신 기적 소식을 전해들은 군중들도(4:21, 11:18, 19:17, 21:20) 하느님을 찬양하고 그분에게 영광을 드립니다.

바오로가 보낸 편지에는 흔히 하느님에 대한 찬양으로 시작하는데, 특히

---

50 루카 5:25-26, 7:16, 13:13, 17:15-18, 18:43, 19:37-38, 23:47, 24:53

에페소인들과 콜로세인들에게 보낸 편지와 디모테오에게 보낸 두 편지에는, 찬양으로 마음이 충만하여 터뜨려질 듯한 내용을 담고 있습니다. 요한 묵시록에서도 하느님을 찬양하는 노래를 자주 인용하고있습니다. 네 생물은 "거룩하시다, 거룩하시다, 거룩하시다, 전능하신 주 하느님"(4:8)을 노래하고, 스물 네 원로들은 노래(4:10-11)와 기도(11:16-17)로 주님을 찬양하며 "아멘. 할렐루야!"(19:4)[51]를 부릅니다.

그리스도교의 예배에는 항상 찬양이 강조되어왔는데, 찬양은 성가나 성무일도에서 뿐만 아니라 특히 주님 만찬의 거행에서 강조되어왔습니다. 성찬전례는 청원과 감사의 기도인 동시에 찬양의 기도입니다.

찬양과 자기완성

주님을 찬양함으로써 나의 마음을 그분에게 개방하게 됩니다. 나는 그분께서 원하시는 방식에 따라 하느님에게 나아갈 때, 그분께서 나에게 베푸시는 것 때문이 아니라 그분의 존재하심 그 자체 때문에, 그분에게 공경의 자세를 취합니다. 그리고 찬양을 통하여 내 자신을 주님께로 개방할 때, 그분의 치유은사와 그분의 모든 은총을 향한 내 마음의 문을 개방하게 됩니다. 이렇게 하여 나는, 내 안에서 그리고 나를 통하여 예수님과 아버지이신 하느님을 찬양하는 분이신, 성령님을 특히 받아 모시기가 쉬워지고, 또한 나는 내 안에 받아 모신 그 성령님을 통하여 하느님을 찬양합니다.

성 아우구스틴은 찬양 그 자체가 주님을 도와드리거나 그분에게 아무것

---

51 묵시 14:1-5, 15:3-4, 19:1-8

도 더해 드리는 것이 없으며, 오히려 우리를 돕고 우리에게 봉사하고 또한 우리가 성장하도록 도와준다고 합니다.[52] "우리의 찬양을 통해서 하느님께서 성장하시는 것이 아니라, 우리가 성장하게 됩니다."[53] 즉 우리가 창조된 목적을 행하고 우리가 다가가고있는 하느님에게로 우리 자신을 완전히 향하게 함으로써 우리가 성장하여 더욱더 자신의 모습-태초로부터 주님께서 정하신 우리의 모습-으로 될 수 있습니다. 이것이, 그분에게 더욱 가까워지는 것이며, 인간으로서 더욱 완전하게 되고, 또한 더욱 치유되는 것입니다.

하느님을 찬양하기 위해 바치는 '신령한 언어로 하는 기도'(또는 '이상한 언어로 하는 기도', gift of tongues; 이하 '신령기도')는, 주님께서 우리를 내적으로 치유하시기 위해 우리의 찬양을 사용하시는 가장 좋은 본보기입니다.[54] 신령기도는 청원기도로 바치기도 하지만, 주로 찬양이 그 목적이며 찬양의 은사를 받기 위한 기도입니다. 연구한 바로는, 적어도 통상적인 신령기도는 실제 언어와 같은 구조를 갖고있지 않은 것으로 알려져 있습니다. 신령기도는 말이나 언어의 한계를 뛰어넘습니다. 신령기도는 비개념적 통성기도(non-conceptual vocal prayer)로서, 주님 앞에 모든 생각을 멈추고 조용하게 앉아있는 것과 어느 정도 흡사합니다. 기도를 위한 모임이 말이나 노래로 된 심령기도로 함께 하느님을 찬양하는 경우도 자주 보게 되지만 주로 개인기도로 바칩니다. 바오로는 코린토인들에게 보낸 편지에서, 그들이 기도 집회에서 신령기도를 사용하는 것을 제한하기 위해, 그것과는 구별하여 사용되어야 할 은사의 하나인 "신령예언

---

52 시편 102장에 대한 주석: Commentary on Psalm 102, *Corpus christianorum, series latina*, vol. 40, *Ennarrationes in psalmos CI-CL*, Brepols, Turnholt, 1453, 1956.

53 시편 134장에 대한 주석: Commentary on Psalm 134, ibid., 1937.

54 신령기도의 은사에 관한 연구: 예) Robert Faricy and Lucy Rooney, *The Contemplative Way of Prayer*, Queenship, Santa Barbara, 42-46, 1986.

(prophesying in tongues)"에 대해서 언급하고 있습니다(1코린 14:28). 신령기도의 비개념적 특성 때문에 만약 신령기도가 단체로 바치는 예언기도로 사용될 경우, 영적 식별에 의한 해석이 반드시 뒤따라야 합니다. 또한 이러한 비개념적 특성 때문에, 신령기도는 주로 개인기도 안에서 조용히 하느님을 찬양하는 은사로 사용해야 합니다. 그래서 바오로가 코린토인들에게 충고했듯이, 신령예언을 해석할 수 있는 능력을 가진 자가 없을 경우, "교회 안에서 잠자코 혼자서 하느님께만 말해야 합니다"(1고린 14:28).

찬양은 언어의 사용방식을 완전히 바꾸어놓는 경향이 있습니다. 언어는 찬양의 무게에 무너져내립니다. 찬양의 목적이 메시지를 전달하는 것이 아니기 때문에, 찬양 구절에는 흔히 동사가 생략되고 제목을 반복해서 늘어놓습니다. "하느님의 어린양," "주 하느님," "전능하신 하느님" 등은, 마치 반투족의 찬양명부나 호칭기도에서와 같이 흔한 찬양 구절입니다. 찬양은 정확한 의미를 전달하기 보다는, 찬양 받는 자를 바라보는 자세를 명확히 나타내려는 경향이 있습니다. 그래서 개념으로는 찬양내용을 담지 못하는 경우가 자주 있는데, 그것은 말만 가지고는 불가능하기 때문입니다. 찬양이 개념을 초월하게 될 때, 심령기도의 은사를 받기 시작합니다. 성 바오로에 의하면, 신령기도를 하는 동안 기도하는 사람 자신은 자기가 무슨 말을 하고 있는지 이해할 수 없어도, 신령기도는 참된 자신을 형성시켜준다고 합니다. 왜냐하면 기도하는 사람의 영이 기도하는 동안에 이성은 아무런 수확이 없기 때문입니다(1고린 14:14).

신령기도는 의식이 혼미한 상태에서 하는 말이나 인사불성 상태에서 내는 그러한 종류의 소리가 아니며, 또한 어떤 특정 교회나 단체가 독점하는 것도 아닙니다. 피터 하킨(Peter Hocken)이 이점을 잘 표현하고 있습니다:

어떤 찬양기도도 신령기도 만큼이나 언어학적으로 훌륭해 보이지는 않으리라! 이러한 언어적 측면에 초점을 맞추거나 이러한 현상을 "기이한 것"으로 보는 데서 많은 오해와 혼란이 빚어진다....기도의 특성으로 볼 때, 자신의 기도에서 찬양의 기도가 주가 되는 사람에게는 거의 필연적으로 신령기도를 하게 된다. 그리고 그것은 주님에게 조금만 더 도와주시도록 간청하고, 은사는 저절로 오도록 그냥 내버려두는 것 만큼이나 쉬운 일이다....신령기도는 그 본질에 있어서, 자기를 억지로 통제하거나 자신에게 집착하는 자세로부터 자유로워지는 것을 필요로 한다. 신령기도는 기도하는 가운데 자기 자신을 죽이고, 새로운 삶을 향해 일어서는 한 형태이다....[55]

혹자는 성령강림 교회나 성령쇄신운동 모임과 아무런 관련이 없으면서도 신령기도의 은사를 받아서 그것을 개인기도 안에서 사용하는 사람들을 만나게 됩니다. 그것은 전혀 진귀한 은사가 아닙니다. 심령기도를 평소 개인기도에서 사용하는 것은 일종의 은사이며, 그것이 주로 찬양을 통해 받는 은사라는 점을 새겨두어야 합니다. 이해할 수 없는 소리를 내는 것이 은사가 아니라, 그와 같은 소리로 기도하는 것이 은사입니다.

성 바오로의 "성령께서도 나약한 우리를 도와주십니다. 우리는 올바른 방식으로 기도할 줄 모르지만, 성령께서 몸소 말로 다할 수 없이 탄식하시며 우리를 대신하여 간구해 주십니다"(로마 8:26)라는 가르침은 신령기도에 해당합니다. 그렇다고 해서 기도하는 사람의 역할을 성령께서 대신하는 것이 아닙니다. 신령기도는 '성령께서 우리의 영과 함께' 하느님을 찬양하는 것입니다. 신령기도가 비록 은총의 영향을 받고 비개념적인 내용

---

55 Peter Hocken, Op. cit., 82 and 83.

을 포함한다 하더라도, 신령기도는 이성적인 행위입니다. 그것은 "성령 안에서 드리는 기도"입니다.

신령기도의 내용은, 정신 세계의 무의식(unconscious)이나 선의식(先意識, preconscious), 그리고 의식(conscious)의 중심인 자아영역으로부터 오는 것 같습니다. 아마도 이런 이유로 신령기도는, 기도하는 사람의 고유한 면을 어느 정도 나타내는, 강한 개인적 특성을 갖는 것 같습니다. 신령기도는 비록 다른 언어와 같이 구조를 갖지는 않지만 언어의 본질적인 속성은 갖습니다. 왜냐하면 생각을 전달하는 것이 우선은 아니지만, 다른 사람(이 경우 하느님)에게 자기의 표현은 전달되어야 하니까요. 음악과 그림과 춤이 언어이듯이, 심령기도는 하나의 언어입니다. 그것은 자기표현으로서의 찬양이며, 찬양으로 참된 자신을 확립하며, '받는 사람밖에는 아무도 알지 못하는 새로운 이름'(묵시 2:17)의 시작인 것입니다. 그래서 각각의 신령기도는 하나의 개인적인 그리고 자기고유의 기도 언어인 것입니다.

다시 말하면, 아마도 부분적으로는 신령기도의 내용이 기도하는 사람 각자의 잠재의식(subconscious)의 차원으로부터 오기 때문에, 이 은사의 사용을 장기간에 걸쳐 점차적으로 습관화 할 때, 자기완성의 효과를 얻게 되고 기도하는 사람을 치유해줍니다. 신령기도를 바칠 때는, 그 사람 전체 즉 그 사람의 의식과 하부의식(infraconscious), 육체적 정서적 영적, 그리고 사회적 개인적 부분, 그 전체가 하나로 되어 기도하게 되므로, 기도하는 사람의 모든 가닥과 부분과 조각들이 하나로 되는 일종의 행동통합(synthesis-in-action) 현상이 일어나게 됩니다. 이해력과 지성과 휴식은 완전한 인간으로서의 기능을 수행하는데 필요한 기본적인 요소입니다. 그러나 서양문화에서는 지성을 분리시키고 직관으로부터 떼어내려는 경향이 있어 이로 인해 지성은 굳어져서 경직됩니다. 신령기도를 하는 동안 사고활동은 멈추기 때문에 기도하는 사람은 그 휴식으로부터 오는 새로운 힘을 얻게 됩니다. 또한 자기표현과 자신의 존재를 인식하고 확립하는데 있어서 '내부에서 우러나는 꾸밈없는 자연스러움'(spontaneity)을 얻게 됩니다. 이와 같이 신령기도는 기도하는 사람을 통합하고 완전하게 하여 내적으로 치유해줍니다.

몰턴 캘지(Molton T. Kelsey)는 이점에 관하여 다음과 같이 설명합니다:

> 관찰한 바에 의하면 많은 경우에, 신령기도는 인격의 성장과 완성의 문제와 관련된 것으로 나타난다....신령기도를 하는 사람들은 감정의 해방이 있음을 명확히 보여준다. 즉 신령기도를 통하여, 감정을 표현하는 것과 창조적인 방향으로 자신을 감정에 맡기는 것이 훨씬 쉬어지고, 심지어는 고통 가운데서도 기쁨을 느낄 수 있는 사실을 발견한다....신령기도는 하느님의 영이 그 사람의 무의식 속에서 역사하시는 하나의 증거이다. 또한 그 영께서 사람에게 새로운 완성과 새로운 통합을 이루어 주시는 과정, 즉 교회에서 전통적으로 성화(聖化)라고 부르는 은사를 베풀어 주신다.[56]

---

56 Molton T. Kelsey, *Tongue Speaking*, Hodder and Stoughton, London 220-222, 1973. Virginia Hines는 신령기도의 과학적인 분석을 통하여 다음과 같이 결론을 내리고 있다: "현상에 대한 기능적인 접근을 통하여 우리는, 성령쇄신운동의 상황 안에서 현실참여 세대의 한 요소로서 기능을 수행하는 신령기도(glossolalia)는 병적인 언어행동이 아닌 것으로 평가하게 되었다. 그래서 그것은 집단의 이상에 부합하고, 자세와 행동의 변화에 강력한 동기를 부여함으로써 사회적...그리고 각자의 변화에 작용한다." *Journal for the Scientific Study of Religion* 7, 225, 1969.

성령님의 치유은사

성령께서 베푸시는 모든 은사(gifts)는 다양한 방법으로 우리를 치유하십니다. 성령님 자신이 예수님과 하느님 아버지의 은사이며, 또한 성령님의 존재가 우리를 치유합니다.

하느님 아버지께서는 예수님을 사랑하시고, 예수님은 아버지를 사랑하십니다. 이 예수님과 아버지 상호간의 사랑은, 그 자체가 인격적 동일성을 갖는 '하느님의 힘(divine force)'으로 두 분 사이의 관계를 맺어줍니다. 아버지와 예수님 상호간의 사랑으로 맺어지는 그 관계는 그분들의 성령님으로 내재합니다. 또한 아버지와 예수님은 그분들의 성령을 우리에게 보내시어, 우리를 그분들과 관계를 맺어주십니다. 나아가 그분들을 하나되게 하는 사랑의 통교를 우리에게 나누어 주심으로써, 우리를 삼위일체의 생명에로, 우리를 '하느님의 공동체(divine community)'로 받아들여주십니다. 요한 복음서에, 예수님은 당신 자신과 아버지이신 하느님을 "우리"로 일체화하여 말씀하십니다: "아버지와 나는 하나다"(요한 10:30), "우리가 하나인 것처럼"(요한 17:22). 이 "하느님의 우리(Divine We)"는 우리 인간도 포함됩니다: "그들이 모두 하나가 되게 해 주십시오. 아버지, 아버지께서 제 안에 계시고 제가 아버지 안에 있듯이, 그들도 우리 안에 있게 해 주십시오"(요한 17:21). 또한 예수께서는 "누구든지 나를 사랑하면 내 말을 지킬 것이다. 그러면 내 아버지께서 그를 사랑하시고, 우리가 그에게 가서 그와 함께 살 것이다(요한 14:23)"하고 약속하십니다. 하느님 아버지와 예수님의 이 '하느님의 우리'가 우리 마음 안에 있는 성령과 함께 할 때, 우리는 더욱 "우리"가 되고, 더욱 하나가 되고, 더욱 통합됩니다. 이와 같이 '하느님의 우리'는 성령께서 아버지이신 하느님과 예수님의 관계를 맺어주시고 나아가 우리를 그분들과 그리고 아버지와 예수님과 우리사이에 관계를 맺어주십니다.[57] 성령님은 예수님과 아버지께서 우리에게 주시는 은사(Gift)이며, 또한 우리를 예수님과 그리고 우리를 아버지와, 그리고 나아가 아버지와 예수님과 우리 모두를 하나로 만들어 주시는, 그리고 우리를 거룩함(holiness)으로 인도하시는 사랑(Love)입니다.[58]

이것은 곧 예수님과 하나가 된 사람에게 그분과의 관계가 더욱 깊어질 때 마다 성령을 새롭게 보내주시고, 또한 성령께서 그 사람의 마음 안에 더욱 깊이 사시게 됨을 의미합니다. 또한 우리가 성령님 안에서 예수님과 하느님 아버지에게 더욱 가까워짐으로써 우리는 새로운 방식으로 존재하게 됩니다. 이와 같이 새로운 방식으로 존재하게 되는 것을 소위 은총(grace)이라고 합니다.[59]

성령님은 우리의 체험 안에서 당신을 나타내십니다. 즉 우리는 성령님이 우리 안에서 역사하시는 것을 체험합니다. 루카 복음과 사도행전에서, 성령은 바로 하느님의 능력을 뜻합니다. 천사가 마리아에게 말합니다: "성령께서 너에게 내려오시고 지극히 높으신 분의 힘이 너를 덮을 것이다"(루카 1:35). 이와 같이 전형적인 히브리식 비교는, "성령님"과 "지극히 높으신 분의 힘"을 서로 비교하고 서로의 뜻을 강화하여 결국 그들이 동일함을 나타냅니다. 성령님은 능력입니다. 사도행전에서 예수님은 제자들에게 다음과 같이 말씀하십니다: "성령이 너희에게 내리시면 너희는 힘을 받으리라"(1:8). 요한 복음에 의하면, 성령은 우리를 편안하게 해주시고 우리를 위로하시고 우리를 강하게 만드십니다.[60] 또한 성령은 우리에게 말씀하시고, 하느님 말씀의 뜻을 우리에게 보여주시고, 우리가 예수님의 말씀을 증거

---

57 H. Muhlen, "The Person of the Holy Spirit" in *The Holy Spirit and Power*, ed. K. McDonnell, Doubleday, New York, 27, 1975.

58 Thomas Aquinas, 신학 대전: *Summa Theologiae*, III, q.8, 1 and 3; III *Sent.*, d.13, q.2,a.2, sol.2.

59 Thomas Aquinas,, 같은 책, I *Sent.*, d.15, q.1, a.1 ad 1; d.17, q.1, a.1; d.30, q.2, a.2, sol.2.

60 요한 14:16, 14:26, 15:26, 16:7; 1 요한 2:1 참조

하도록 촉구하십니다.[61] 바울로는 그의 편지에서, 성령님은 우리 안에 역사하시고 우리 안에서 기도하시고 우리를 자유롭게 하신다고 합니다(로마 8:2, 26). 성령님은 예수께서 우리 안에 살게 하십니다(로마 8:9-10, 2고린 3:18, 갈라 2:20). 성령님은 또한 우리로 하여금 "예수님은 주님이시다"라고 고백할 수 있는 능력을 주시고, 그분의 다양한 은사를 통하여 당신 자신을 나타내십니다(1코린 12:3-4). 우리 안에서 일어나는 모든 성령의 활동은 우리가 체험을 통하여 성령님을 깨닫게 해줍니다. 이러한 이유로, 성령께서 우리 안에서 역사하신다는 사실의 전통적인 공식표명은 체험에 그 바탕을 두고 있습니다. 성령님은 우리에게 "지혜와 슬기의 영, 경륜과 용맹의 영, 지식의 영과 주님을 경외함"과 같은 은사를 주십니다(이사 11:2-3). 이에 우리는 우리 안에서 맺어지는 성령님의 열매를 체험하게 됩니다: 사랑, 기쁨, 평화, 인내, 호의, 선의, 성실, 온유, 절제(갈라 5:22-23).

물론 이러한 열매들이 우리 각자의 마음 안에 임하시는 성령께서 우리에게 베풀어주시는 은총의 열매 전부를 나타내는 것은 아닙니다. 그것들은 모든 그리스도인들 안에서 일어나는 성령님의 활동을 부분적으로 설명해주고 있을 뿐입니다. 이와 같이 성령께서 우리 모두 각자에게 베풀어주시는 은사를 보통은사(common gifts)라고 할 수 있습니다. 그리스도께서 우리 모두에게 보내주신 당신의 성령을 통하여 이러한 선물들을 골고루 베풀어주실 뿐만 아니라 특별은사(charisms)도 내려주십니다. 특별은사는 모두에게 주어지는 것이 아니고 소수에게 만 주어집니다. 그 어느 누구도 한 사람이 모든 은사를 다 갖지는 못하지만, 그리스도님의 몸은 이 모든 은사들을 지니고 계십니다. 성 바오로는 그의 서간문 여러 부분에서 은사

---

61 요한 14:25-26, 16:12-23, 15:26-27; H. Benjamin, "Pneuma in John and Paul" *Biblical Theological Bulletin* 5, 27-28, 1975.

들을 열거하고 있는데, 물론 이러한 기록들 중 어느 부분도 그리고 기록된 모든 은사를 다 합한다 해도, 성령께서 우리에게 주시는 은사의 종류와 다양함에는 미치지 못할 것입니다. 코린토전서 12장에 기록된, 전통적인 특별은사는 다음과 같습니다: 지혜의 말씀, 지식의 말씀, 믿음, 병 고치는 능력, 기적을 일으키는 은사, 예언을 하는 은사, 영들을 식별하는 은사, 여러 가지 신령한 언어를 말하는 은사, 신령한 언어를 해석하는 은사(8-10). 또한 다른 부분에서도 바오로는 "기적을 일으키는 사람들, 영을 고치는 은사, 도와주는 은사, 지도하는 은사, 여러 가지 신령한 언어를 말하는 은사" (1코린 12:6-8) 그리고 "예언, 봉사, 가르치는 사람, 권면, 나누어 주는 사람, 지도하는 사람, 자비를 베푸는 사람"(로마 12:6-8) 등을 열거하고 있습니다.[62] 제2차 바티칸 공의회는 "선교에 관한 회칙(Decree on the Missions)"에서, 선교의 소명을 하나의 특별은사로 명명하고 있습니다. '복음적 청빈'은 특히 중세 초기에 앗씨시의 성 프란시스코(1182-1226)와 그의 동료들에게 넘쳐흘렀던 청빈의 은사 이후로 하나의 특별은사로 오랫동안 인식되어 왔습니다. 예수회의 전통에는 '눈물의 은사'가 하나의 특별은사로 간주되어 왔습니다. 그리고 모든 교단들은 창시자들이나 위대한 회원들에 의해 훌륭한 본보기가 되어온 그들 고유의 특별은사들을 가지고 있습니다.

특별은사는 하느님의 부르심이자 또한 그 부르심에 응답하는 수단들을 일컫습니다. 특별은사는 부르심을 받은 사람으로 하여금 그 사람 고유의 방법으로 성령님께 응답할 수 있게 해주고 성령님의 활동을 받아들일 수 있게 해줍니다. 하느님의 부르심을 받은 자에게는 지도력, 기도자, 선교, 치유, 통치 등과 기타 다른 능력을 부여하여, 그 사람을 다양한 형태의 성

---

62 1코린 12:28-30, 13:1-3, 14:6; 로마 12:6-8, 에페 4:11

령님의 통로로 만들어 줍니다. 또한 특별은사는 그리스도의 공동체 안에서, 성령님을 "볼 수 있고" "느낄 수 있게" 해줍니다. 이 특별은사는 봉사를 위한 은사, 즉 그리스도님의 지체를 건설하기 위해 주어지는 은사입니다. 그러나 그 은사는 하느님으로부터 오는 것이므로, 주로 이 특별은사를 통하여 그 사람은 새로운 방법으로 하느님과의 관계를 맺게 되고, 새로운 방법으로 예수님 안에 살게 되는 것입니다.

물론 모든 특별은사는 하나의 은총이지만 우리는 주님에게 그 어떠한 은총도 요구할 자격이 없습니다. 반면에 우리는, 우리가 더욱 치유받기 위해 필요한 은사를 요구할 권리와 의무를 가지고 있습니다. 선교사로서의 은사가 결핍된 것 같아 보이는 문제로 고심하고있는 사람들도 보아왔습니다. 지도자의 위치에 있는 사람들은 지도자로서의 자격에 필요한 은사를 새롭게 부어주시도록 기도할 수 있고 또한 그렇게 해야 합니다. 하느님의 부르심에 응답한 사람들 중에 특히 독신자로서 자신의 삶을 봉헌해온 많은 사람들은 독신자의 삶에 필요한 더욱 많은 은사를 내려주시도록 기도해 왔습니다(마태 19:12, 1코린 7:7-9). 그렇게 하여 그들은 정서적으로, 그리고 정동(情動)의 전분야에 걸쳐 치유받게 되었습니다. 그리스도인으로서 훌륭한 아버지와 어머니, 남편과 아내가 되기 위한 특별한 은총들이 필요한 곳에 분명히 있습니다. 물론 이 은사는 혼인성사를 통하여 주시지만 우리가 필요할 때 기도를 통해 요청하면 성령님께서 특별은사를 부어주실 것입니다. 우리가 울부짖으면 주님께서 들으시고 응답해주십니다. 우리가 치유받기 위해 그리고 자기가 하는 일에 갖추어야 할 은사를 청하며 울부짖을 때 그분께서는 우리가 바라는 은사를 베풀어주십니다.

그리고 종종 주님께서는 우리가 청할 때까지 기다리시지 않고, 찬양 속에서 그분을 향해 마음을 활짝 여는 순간을 이용하여 치유라는 선물을 주시기도 합니다. 할렐루야! "주님을 찬양합시다!"

주 예수님, 저에게 베풀어주시는 당신의 너그러우신 은혜에 당신을 찬미합니다. 그리고 당신이 주님이심을, 당신이 저를 위한 주님이심을, 당신이 저를 위해 하시는 일을 찬양할 수 있도록, 더욱 강렬한 찬양의 은총을 청하옵니다.

주님, 당신께서 저를 치유해주시는, 특히 내적치유를 베풀어주시는 은혜에 대하여 당신에게 찬미드립니다. 모든 일이 잘 되도록 해주시고, 또한 제 때에 올바른 순서대로 되도록 해주시는 당신을 찬미합니다.

예수님, 당신께서 저에게 베풀어주시는 은총들에 대하여 당신을 찬미합니다. 제 안에 은총을 풍성히 내려주시어, 당신의 그 은총을 통하여, 당신이 주시는 그 은총을 사용하여, 제가 더욱 치유되고 당신에게 더욱 훌륭히 봉사할 수 있도록 도와주십시오. 아멘.

제 8 장

나의 주님이신 예수님

마르코와 마태오 그리고 루가에 의한 복음서에는, 주님의 왕국에 대한 예수님의 가르침이 중심을 차지하고 있습니다. 그것이 그분의 주가 되는 주제이기 때문입니다. 사도행전과 특히 바울로의 서간에는 주님의 왕국에 대한 주제를 '예수님의 권한(Lordship of Jesus)'의 관점에서 다루고 있습니다. 본 단원에서는 신약성서에 나타난 예수님의 권한에 대해서 설명하고, 뒤이어 내적치유를 위한 기도와 관련하여 이 개념의 중요성을 언급한 후, 마지막으로 미래의 희망과 관련된 예수님의 권한의 의미를 살펴보고자 합니다.

신약성서에 기록된 예수님의 권한

그리스도의 권한에 대한 전반적인 견해의 핵심은 예수께서 인용하셨던 시편 110장을 통해 알 수 있습니다.[63] 이는 초대 교회 안에서 예수님이 주님이라고 믿었던 생각을 뒷받침한 것으로, 어쨌든 그 개념의 기원임은 분명합니다.[64] 예수님에게 "주님(Lord)"이라는 경칭을 사용한 것은, 루가 복음을 제외한 두 공관복음(마태오, 마르코)에서는 거의 찾아볼 수 없지만 루가 복음에서는 그 경칭을 열 여덟 번이나 사용합니다. 그 경칭은 예수께서 공적활동을 하시는 동안 당신 자신에게 사용한 것이 아닙니다. 사도행전과 바울로의 서간문에 분명히 나타나 있듯이, 초기의 그리스도교 공동체의 사람들이 예수님이 겪으셨던 수난과 죽음과 부활을 보고서야 그분이 주님이심을 알았기 때문입니다. 그래서 우리가 눈여겨봐야 할 부분은 바로 예수께서 인용하셨던 시편 110장입니다. 시편 110장의 예수님의 권한에 관한 내용은 예수께서 바리사이인들이나(마태 22:41-46) 율법학자들과(마르 12:35-37, 루가 20:41-44) 공적인 대화를 나누실 때 하신 말씀과 일치합니다:

> "예수님께서는 성전에서 가르치시며 말씀하셨다. '어찌하여 율법학자들은 메시아가 다윗의 자손이라고 말하느냐?' 다윗 자신이 성령의 도움으로 말하였다. 주님께서 내 주님께 말씀하셨다. '내 오른 쪽에 앉아라, 내가 너의 원수들을 네 발아래 잡아 놓을 때까지. 이렇듯 다윗 스스로 메시아를 주님이라고 말하는데, 어떻게 메시아가 다윗의 자손이 되느냐?' 많은 군중이 예수님의 말씀을 기쁘게 들었다."
>
> (마르 12:35-37)

---

63 신약성서에 나타난 예수님의 권한: David M. Hay, *Glory at the Right Hand: Psalm 110 in Early Christianity*, SBL Monograph, Nashiville, New York, 1973.

64 신약성서에는 예수님의 부활과 승천에 관한 해석으로, 시편 110장의 "예수님이 하느님의 오른 편에 앉아 계시는 분"을 가장 자주 인용함

시편 110장은, 예수께서 대사제와 논쟁을 벌이실 때 인용하셨던 다니엘서 7장 13절(마태 26:64, 마르 14:62, 루가 22:69)의 예언자적 말씀과 함께, 공관복음 안에서도 재차 인용되고 있습니다:

> "대사제는 다시 '당신이 찬양 받으실 분의 아들 메시아요?' 하고 물었다. 예수님께서 대답하셨다. '그렇다. 너희는 사람의 아들이 전능하신 분의 오른쪽에 앉아있는 것과 하늘의 구름을 타고 오는 것을 볼 것이다.'"
>
> (마르 14:60-62)

예수께서는 다니엘서 7장 13절의 "사람의 아들 같은 이가 하늘의 구름을 타고 나타나…"의 사람의 아들과 당신을 동일시 하십니다. 한편 "전능하신 분의 오른 쪽에 앉아있는"이라는 구절은 시편 110장에서 유래합니다: "내 오른 쪽에 앉아라." 여기서 예수께서는 고통 중에 이미 사경이 되신 채, 시편 110장을 인용하여 당신 자신을, 주님께서 1절에서 "주군"이라고 부르셨던 바로 그 "주군"과 동일시 하십니다. 또한 예수님의 수난 이야기 전체 그 자체가, 우리로서는 거의 납득하기 어려운 하나의 터무니없고 믿어지지 않는 역설적인 방법으로, 예수께서 왕이시며 주님이심을 말해주고 있습니다. 특히 성서의 해당 구절에, 예수님이 조롱 받으시고, 예수님이 빌라도와 대화를 나누시고, 예수님이 빌라도에 의해 군중 앞에 소개되는("이 사람을 보라, ecce homo"와 "유태인들의 임금, King of the Jews") 장면은, 예수께서 주님이심을 역설적인 방법으로 나타내고 있습니다.

예수님 시대의 지식인들이 과연 시편 110장을 이해할 수 있었을까요? 시편 110장에 관한 내용은 고대 유다의 문헌들로부터 약간의 자료를 발견할 수 있습니다. 유태교의 율법·전설집인 탈무드(Talmud)와 미드라쉬

(Midrash)가 비록 그리스도의 시기보다 훨씬 후에 완성되었지만, 이 문헌에는 이전부터 전해내려 오던 의견들을 반영하고 있습니다. 예루살렘의 탈무드에는 아무것도 찾아볼 수 없으나, 보다 중요한 바빌론의 탈무드에는 시편 110장에 나오는 (두 번째) '주님'이 아브라함 임을 확인시켜주는 두 가지 중요한 사항을 언급하고 있습니다. 한편 미드라쉬의 시편 110장에 관한 기록에도 마찬가지로, 아브라함과 '주님'을 동일시 하는 동시에 제1절이 메시아적 성격을 띤 구절임을 지적하고 있습니다. 어쨌든 예수께서 메시아적 입장에서 그 구절을 인용하신 사실로 미루어 적어도 당시의 몇몇 사람들에 의해 메시아적인 행동으로 간주되었음을 말해주고 있습니다. 예수께서 "자라면서 튼튼해지고 지혜가 충만해졌으며, 하느님의 총애를 받았다"(루카 2:40)는 사실과, 엠마오로 가는 길에서 두 제자에게 성경 말씀을 설명하실 때 그 구절을 인용하신 사실로 미루어, 당신 스스로 시편 110편을 탐구하신 것으로 우리는 추측할 수 있을 따름입니다.

초대교회가 예수님에게 "주님"이라는 경칭을 사용한 것은, 그분이 하느님이심을 분명히 강조함과 동시에 (그분께서 아버지의 오른편에 앉아 계신다), 부활하시고 영광을 입으신 예수님을 나타내기 위해서 입니다. "주님" 즉 kyrios 라는 단어는 그리스 판 구약성서에서는 하느님을 의미하며, 대부분의 영어 판 구약성서에서는 "주님(Lord)"으로 번역되었습니다. 이와 같이 예수님에 대한 같은 경칭을 쓴다는 사실은, 물론 그분께서 아버지이신 하느님과 같은 분이심을 말하기 위해서 입니다.

초기의 교회가 선포한 일부 메시지(kerygma)에 이미 베드로가 오순절 설교(사도 2:34-36) 안에 시편 110장을 사용한 사실이 발견됩니다. 베드로는 설교에서 다음과 같이 결론을 맺고 있습니다: "그러므로 이스라엘 온 집안은 분명히 알아 두십시오. 하느님께서는 여러분이 십자가에 못 박은 이 예수님을 주님과 메시아로 삼았습니다." 스테파노는 돌에 맞아 순교할 때 하늘을 우러러 보자, “사람의 아들이 하느님 오른 쪽에 서 계신 것”(사도 7:56)을 목격하게 됩니다. 그리고 교회의 전례에서도 몇몇 증거를 찾아볼 수 있는데, 그 기원을 알 수 없는 “예수님의 이름으로 받는 세례” 예절에서 세례자가 “예수님은 주님이십니다”하고 외우는 전례절차가, “주님”이라는 경칭의 유래와 관련이 있음을 말해줍니다.

어느 경우 든 “예수님은 주님이시다”라는 구절을 사용한 것은 바울로의 서간들 중에 가장 오래된 서간에서 발견할 수 있습니다. 이 구절은 여섯 번 나오며(필립 2:11, 1코린 8:6 와 12:3, 2코린 4:5, 로마 10:19, 콜로 2:6), 다른 모든 서간들 보다 시기적으로 앞섭니다. 이 구절과 함께, 코린토전서 16장 22절의 “주여 어서 오소서(Marana tha)”라는 구절은 “오십시오, 주 예수님!(Marana tha)”과 “내가 곧 간다(Marana tha)”와 같이 요한묵시록(예: 22:20)에서도 반복됩니다.

아마도 가장 흥미로운 구절은 필리피인들에게 보낸 서간문 2장 5-11절로, 거기에는 더 자세히 설명되어 있습니다:

> “그리스도 예수님께서 지니셨던 바로 그 마음을 여러분 안에 간직하십시오. 그분께서는 하느님의 모습을 지니셨지만 하느님과 같음을 당연한 것으로 여기지 않으시고 오히려 당신 자신을 비우시어 종의 모습을 취하시고 사람들과 같이 되셨습니다. 자신을 낮추시어 죽음에 이르기까지, 십자가 죽음에 이르기까지 순종하셨습니다. 그러므로 하느님께서도 그분을 드높이 올리시고 모든 이름 위에 뛰어난 이름을 그분께 주셨습니다. 그리하여 예수님의 이름 앞에 하늘과 땅 위와 땅 아래에 있는 자들이 다 무릎을 꿇고 예수 그리스도는 주님이시라고 모두 고백하며 하느님 아버지께 영광을 드리게 하셨습니다.”

여기서 "모든 이름 위에 뛰어난 이름"은 "주님"을 뜻하며, 그분의 고난과 죽음에 대한 그리고 그분의 "완전히 비우심(emptying out)"에 대한 하느님께서 내리신 경칭입니다. 즉 그분의 강생(incarnation)을 시작으로 십자가에서 돌아가심으로써 그분을 가장 높은 (또는 오히려 낮은) 지위에 이르시게 한 그분의 '비우심(kenosis)'에 보답하여 하느님께서 내리신 경칭입니다. 예수께서 "하느님의 형상"과 "인간의 형상"의 두 대조적인 모습을 갖추신 것은 놀랄만한 의미를 갖습니다. 그 중요한 핵심은 예수님의 아버지에 대한 ("심지어 죽음에 이르시기까지") 겸손과 순종의 자세입니다. 예수께서는 당신의 '비우심'의 끝인 죽음을 통하여 세상의 중심(heart, 가장 낮은 지위)으로 내려가시지만, 부활 안에서 그분은 오히려 세상의 중심(heart, 가장 높은 지위)인 주님의 지위에 오르시게 됩니다. 이는 단순히 지명되거나 법률상으로 부여 받은 칭호가 아닌 진정한 그리고 심지어 존재론적 견해에서도 – 즉 그분이 죽음에 처하여 생명이 근절되신 분이라면 이 세상도 더 이상 존재하지 않았을 것이라는 논리적 근거 – 세상의 주님이 되신 것입니다.

예수님의 보편적(universal)이고도 근원적인(organic, 법률상의 단순한 근거와는 반대인) 주님의 권한에 대한 같은 교의상의 견해가 에페소서의 첫 3장에 수록되어 있습니다. "또한 만물을 그리스도의 발아래 굴복시키시고, 만물 위에 계신 그분을 교회에 머리로 주셨습니다. 교회는 그리스도의 몸으로서, 모든 면에서 만물을 충만케 하시는 그리스도로 충만해 있습니다."(에페 1:22–23).

콜로사이서(1:13–2:15)는, 특히 이전부터 전해내려 왔던 것으로 알려진 그리스도 찬가(1:15–20)를 포함한 구절로서, 온 우주가 어떤 식으로든 그리스도님에게 매달려있고(suspended) 그분에게 고정되어있다(anchored)고 보고 있습니다: "그분께서는 만물에 앞서 계시고 만물은 그분 안에서 존속합니다. 그분은 또한 당신 몸인 교회의 머리이십니다. 그분은 시작이시며 죽은 이들 가운데서 맏이이십니다. 그리하여 만물 가운데에서 으뜸이 되십니다. 과연 하느님께서는 기꺼이 그분 안에 온갖 충만함이 머무르게 하셨습니다" (콜로 1:17-19). 이러한 그리스도 상(image)은 에페소서의 관점과는 다른데, 에페소서에서는 그리스도님을 우주를 가득 채우시는 분으로 보고있습니다. 한편 콜로사이서에는 만물이 그리스도님 안에 존재하며 예수님 안에서 하느님과의 화해를 이룬다고 보고있습니다. 그러나 '만물이 그리스도 안에 존재한다(콜로)'는 표현과 '그리스도께서 만물을 채우고 계신다(에페)'는 표현의 두 관점이 말하고자 하는, 보편적인 예수님의 권한에 대한 교의상의 개념에는 차이가 없습니다.

모든 창조사업이 예수님의 권한 아래에 있으므로, 모든 피조물들은 하느님의 구원계획에 동참하고 있습니다.

> "피조물도 멸망의 종살이에서 해방되어, 하느님의 자녀들이 누리는 영광의 자유를 얻을 것입니다. 우리는 모든 피조물이 지금까지 다 함께 탄식하며 진통을 겪음을 알고 있습니다."
>
> (로마 8:21-22)

세상은 인간을 통하여 그리스도와 관계를 맺고 있으므로 세상 자체도 죄의 사슬과 고난과 악으로부터 구원의 대상이자 마지막 변모의 대상입니다. 예수께서는 우리를 통해서 세상의 희망이 되시고 세상의 참된 의미를 우리에게 보장해주십니다. 그분은 또한 이 세상의 삶을 통하여, 우리가 만들고 고통 받고 일하는 것 등의 영구적인 활동이 지속하게 될 것이라는, 아버지의 약속을 몸소 실행하는 분이십니다.

나아가 예수님은, 하느님께서 세상을 위해 세우신 계획의 중심이십니다.

중심에 계신 예수님을 통하여 우리에게 드러내신 하느님의 그 계획은, 하늘과 땅에 있는 만물이 부활하신 예수님을 선두로 그분 아래에 한데 모아들여져 예수님 안에서 그 의미를 부여 받는 것입니다. 태초부터 하느님께서는 이 세상의 만물이 예수님 안에서 화해하고 하나가 되어 조화를 이루도록 계획하셨습니다. 이 하느님의 위대한 계획이 인류 역사의 토대를 이루며 또한 그 계획은 가장 심오한 의미를 부여해줍니다.

제2차 바티칸 공의회의 "현대 세계의 사목 헌장(Gaudium et Spes)"을 통하여, 전 세계와 모든 역사가 부활하신 그리스도에 그 중심을 두고 있음을 이해하게 됩니다. 그분은 인간 역사의 최종 목표이시며 모든 참다운 진보가 지향하는 미래의 초점이십니다. 최선의 그리고 가장 심오한 역사의 차원에서, 인류의 역사는 예수님 안에서 만물의 궁극적인 화해를 향해 전진하고 있습니다.[65]

예수님은 미래를 향해 나아가는 세상의 유일한 목표이실 뿐 아니라, 그분은 모든 역사와 전 우주 안에 활발하게 현존하고 계십니다. 부활하신 예수님의 활기찬 현존과 영향의 충만한 모습은 바로 교회 안에 있습니다. 동시에 만물은 그분 안에 서로 결합되어 있어서(콜로 1:17) 모든 것은 그분에게 달려있으며, 그 가치와 의미와 심지어 그 존재까지도 부활하신 그분 안에서 발견할 수 있습니다.

히브리서에서는 증언에 관한 본문의 끝부분인 1장 13절에서, 예수님의 권한을 설명하기 위해 시편 110장을 인용하고 있습니다(8:1, 10:12-13

---

65 가) 민수기 10

나) 역주: 예) 떼이야르 드 샤르댕(예수회, Pierre Teilherd de Chardin, SJ, 1881-1955)은 우주와 인간의 진화문제를 하느님의 창조·구원사업 안에서 역동적인 운동 이론인 "복잡화-의식 이론(Law of Complexity-Consciousness)"으로 설명하였음; Robert L. Faricy, S.J., *Teilhard de Chardin's Tehology of the Christian in the World*, Sheed and Ward, New York, 1967; 『떼이야르 드 샤르뎅의 신학사상』 이홍근 역, 분도출판사, 224pp, 1972.

참고). 바오로는 시편 110장을 사용함에 있어서 다른 서간문들보다 한 걸음 더 나아가, 멜키세덱의 사제직에 관한 개념을 취하여(시편 110:4, 히브 6:20-7:20) 예수님의 사제직을 그분의 권한과 결부시키고 있습니다. 즉 예수님은 단지 당신의 권한으로서의 주님이실 뿐 아니라, 우리의 중재자가 되기 위해 영원히 거룩한 사제로서 하느님의 오른편에 앉아계십니다. 그분은 아버지와 함께 계시는, 우리의 대사제이시며 중재자이십니다.

그리스도인의 삶 안에서의 예수님의 권한

예수님의 권한이 만물을 지배한다는 진리를 깨닫게 되는 것 외에도 우리는 예수께서 우리 각자의 주님이심을 깨닫도록 부르심을 받습니다. 주 예수께서 온 세상에 그 의미와 존재를 부여하시듯이, 나 개인의 의미와 존재의 가치도 나에게 부여하십니다. 모든 역사의 진정한 의미와 성취를 예수님 안에서 발견하듯이, 나 자신의 참된 의미와 성취 또한 그분 안에서 발견하게 됩니다. 부활하신 예수님은 모든 역사와 전 우주에 현존해 계심과 동시에, 나 개인의 전 역사 안에 그리고 나의 삶 구석구석에까지 활기차게 존재하고 계십니다. 그래서 나는 자신의 가치와 의미 그리고 존재와 성취를 부활하신 예수님 안에서 발견하게 됩니다.

예수님은 죽음으로부터 부활하셨습니다. 부활하신 (상태로 존재하시는) 예수님은 모든 시간과 모든 공간 그리고 모든 인간의 존재 양식을 초월하십니다. 부활하신 예수께서는 과거와 현재 그리고 미래의 시간에 걸쳐 모든 순간에 존재하십니다. 그분께서는 그분의 사랑을 통하여, 우주의 곳곳에, 모든 장소에 존재하고 계십니다. 그리고 부활하신 예수님은 모든 인간을 초월하십니다. 이 말은, 그분께서 바로 이 순간 여러분에게, 이 글을 읽고 있는 여러분에게 존재하고 계심을 의미합니다. 그리고 그분께서는 여러분에게 그분의 모든 관심을 쏟고 계십니다. 바로 이 순간과 여러분의 전 인생을 통하여 항상 그렇게 해오고 계십니다.

더욱 중요한 것은, 예수님이 여러분을 사랑하고 계신다는 사실입니다. 어떠한 조건이나 자격에 상관없이. 현세에서 여러분이 그분에 대해서 알기 위해서는, 마음의 지식(heart knowledge)인 사랑을 통해서만 가능합니다.

나는 사랑을 통해서 예수님을 알 수 있습니다. 나 자신의 그분에 대한 사랑은 차갑고 미미하고 보잘것없습니다. 그러나 나는 주로, 나에 대한 '그분의' 사랑을 통하여 그분을 알 수 있습니다. 그분은 나를 사랑하시고, 또한 그분의 나에 대한 사랑은 나를 받아주시고 나를 용서해주시고 나를 인정해주십니다.

내가 '예수님을 안다(knowing Jesus)'는 것은, 내가 '예수님에 대해서 안다(knowing about Jesus)'는 것과는 구별되어야 합니다. 나는 예수님에 대해서 알지 못할 수도 있습니다. 나는 신학에 대해 잘 모를 수도 있고 성경에 대한 지식이 매우 미약할 수도 있습니다. 그러나 예수님을 안다는 것은 마음의 지식이지 머리의 지식(head knowledge)이 아닙니다. 나는 암흑 속에서 예수님을 희미하게 알고 있습니다. 그분에 대한 믿음을 통해서 그리고 그분의 나에 대한 사랑을 통해서 예수님을 안다는 것은 보통 그렇듯이, 애매하고 비밀스럽고 몽롱하고 성운과 같이 모호할 수 있습니다. 말하자면 나는 모르는 사람을 희미하게 알고 있는 셈입니다. 내가 예수님의 사랑을 통해서 그분을 알고 있기 때문입니다.

예수께서, 태초로부터 하느님 아버지께서 계획해오신 대로, 만물을 그리스도 안에서 모아 들여 하나로 일치시키고 화해시키기 위해 존재해오셨듯이, 그분은 나에 대한 아버지의 계획도 항상 실행해오셨고 또한 실행하고 계십니다. 즉 예수님의 권한 안에서 예수님의 권한을 통하여 그리고 예수님의 권한 아래, 나의 존재와 내 생활의 모든 것들을 예수님 안에서 일치시키고 화해시켜, 나를 완전하게 하시고 나에게 인격적 융합을 부여하시고 해어진 나의 부분들을 기워주십니다.

예수님은 당신의 사랑과 권한을 내가 받아들이도록 부르실 뿐 아니라, 그분 안에서 만물을 새롭게 창조하시는 아버지의 계획에도 내가 적극적으로 동참하도록 부르십니다. 예수님은 내 삶의 모든 것들－근심과 문제, 걱정과 두려움, 실패나 성공, 나 자신과 다른 사람을 위한 희망 등등－을 그분의 권한 아래로 가져가도록 나를 초대하십니다. 나는 내 안에 있는 각각의 관심사와, 온갖 짐들과 어려움 그리고 모든 고통과 기쁨을 예수님에게 가져가, 그것들을 그분의 손에 내맡기고 그분의 권한 아래 놓아둘 수 있습니다.

내가 할 수 있는 한도 내에서, 나의 모든 생활에 그분께서 나의 주님이 되어주시도록 내 스스로가 의식적으로 그분에게 협력해야 할 것입니다. 그렇게 함으로써 나의 기도와 다른 모든 활동들이 점차 일치되어 나의 모든 생활이 하나의 기도가 될 것입니다. 이와 더불어 나의 삶 안에서 신앙의 두 성분인, 세상의 삶과 관련된 신앙의 축과 하느님과의 관계를 유지해주는 신앙의 축이 더 이상 서로 멀어지지 않고 멈추게 될 것입니다(역주: 신앙의 두 성분은 상호 보완적인 관계임). 다시 말해서 "위를 향한(upward)" 성분인, 하느님에 대한 믿음과 그분을 찬양하고 사랑하는 믿음의 축과, "앞을 향한(forward)" 성분인, 타인에 대한 믿음과 나의 일에 대한 믿음 그리고 하느님의 인류 전체에 대한 보편계획(universal enterprise)과 그 보편계획 안에 포함되어 있는 각자에 대한 특수계획(particular part)에 대한 믿음의, 두 축이 더 이상 갈라지지 않을 것입니다.[66] 나는

'위를 향한' 믿음과 '앞을 향한' 믿음 사이에서 갈등 하는 삶을 더 이상 살지 않을 것입니다. 왜냐하면 주님께서는 나를 치유해주시고, 나를 완전하게 만들어 주시고, 내 안에서 융합 시켜, 내 삶의 모든 요소들과 모습들을 통합(synthesis)시켜 주시기 때문입니다. 그분께서 내 안에 이루어주시는 일은 나의 협력을 통해서만 가능합니다. 나의 협력이란, 모든 것을 지배하시는 그분의 권한을 깨닫고, 의식적으로 솔직하게 그리고 기도하는 가운데, 내 삶의 모든 것을 그분의 권한 아래로 가져가는 것입니다.

기도 속에서 생기는 분심(distractions)은 신앙생활에서 매우 중요한 역할을 합니다. 분심은 내 삶의 어느 곳에 치유가 필요한 지를 내게 알려줍니다. 기도하는 중에 파리가 날며 내는 소리 따위는 사소한 일이지만, 어떤 사람이나 일과 관련된 분심일 경우, 나는 그 사람이나 상황을 바로 주님에게 가져갈 수 있습니다. 반대로, 내 생각 속에 계속 떠올리며 나를 괴롭히는 생각들은, 치유가 필요하다는 것을 실제로 지시해주는 중대한 관심사일 수 있습니다. 또한 나는 기도를 하는 가운데 종종, 해야 할 일, 심하게 앓고 있는 사람, 나에게 상처를 입힌 사람, 머리 속에 자꾸 떠오르는 어떠한 문제 등으로, 내 마음이 다른 곳에 가있음을 발견합니다. 이러한 종류의 분심은 내 마음속에 있는 그 무엇이 예수 그리스도님과의 개인적인 관계와 일치하지 않고 있음을 말해줍니다. 그것은, 무엇이 그분의 권한 아래 속해있지 않고, 또한 그분의 나에 대한 사랑의 능력 안으로 내가 무엇을 의식적으로 완전히 가져가지 못했는지를 드러내줍니다. 만약에 그 분심이, 기도 중에 예수님과 나의 관계와 상관없이 생긴 것 이라면, 나의 생활 전부를 아직도 그분의 손에 맡겨드리지 않았기 때문입니다. 나는 기도 중에, (분심과 관련된) 그 문제를 그분의 손에 맡겨드림으로써, 그 분심을 기도로 바꾸

---

66 역주: 예) 떼이야르드 사르뎅의 "두 신앙의 문제(Problem of Two Faiths)," Robert Faricy, SJ, *The Spirituality of Teilhard de Chardin*, Winston Press, Minneapolis, 36-43, 1981.

어 놓을 수 있습니다. 이런 식으로 나는 내 마음속에 떠오르는 갖가지 일들을 그분에게 가져가 그분 안에서 하나로 통합시킴으로써 그분의 화해사업에 협력하게 됩니다. 그렇게 함으로써 그분께서 나를 완성시켜주시고 그분께로 나를 끌어주시고 그분께서 내 삶의 중심이 되도록 합니다.

만일 내가 어떤 사람과 불편한 관계에 있다면, 그 관계를 주님의 손에 맡겨드리고 그 사람을 위해 기도 드리면서, 주님께서 그 관계를 치유해주시고 치유된 부분을 그분의 사랑으로 채워주시고 또한 그 상처를 제거해주시도록 간청하십시오. 만약 내가 사랑하는 사람이나 나의 관심을 끄는 어느 누구 때문에 분심이 든다면, 기도 안에서 그 사람과 그 사람과의 관계를 주님께로 가져가 그 사람을 위해 기도하고, 주님께서 당신의 은총과 사랑으로 채워주시도록 간청하십시오. 그래서 내 안에 있는 어떠한 이기심이나 소유욕도 치유해주셔서 그 관계를 바르게 펴주시도록 부탁드리고, 만약 그 관계가 잘못되었다면 그분께서 나를 인도해주시고 더욱 강하게 만들어 주시도록 부탁 드리십시오. 분심이 생기는 것은, 예수님의 권한으로 치유받기 위해 내가 기도하는 자세로 무엇을 숨김없이 내맡겨야 할지를 깨우쳐주는 난서가 됩니다. 부활하신 영광 안에서도, 예수님은 당신의 그 고난과 고통의 상처들을 지니고 계십니다. 내가 치유받는 것은 바로 그분의 영광스러운 상처를 통해서 가능합니다.

내가 예수님의 권한을 깨닫는 것 그 자체가 큰 은총입니다: “성령에 힘입지 않고서는 아무도 ‘예수님은 주님이시다’ 할 수 없습니다”(1고린토 12:3). 내가 그분에게 나의 주님이 되어주시도록 요구하기 보다 그분께서 나를 그분의 것으로 만들어 주시도록 청해야 할 것입니다. 나는 스스로가 자신의 삶의 주인이 되기를 포기하고 예수님의 권능을 기쁜 마음으로 받아들임으로써 나는 나의 모든 삶과 함께 자유로이 그리고 의식적으로 그분의 권한 안으로 들어가야 합니다.

우리가 "예수님은 나의 주님이십니다"하고 말하는 것은, 예수께서 부활하시고 세상을 이기셨음을 경축하고, 그분께서 기꺼이 나의 주님이 되어 주시도록 바라면서, 자신의 모든 것을 그분의 권능 아래로 가져가는 것을 의미합니다.

신학적 고찰

우리는, 예수님의 권한에 관한 두 측면, 즉 예수께서 나 개인의 주님이신 동시에 또한 우주 만물의 주님이신 사실을 어떻게 하나의 의미로 통합시켜 생각할 수 있을까요? 그리고 어떻게 하면 예수님의 우주 전체에 대한 '보편적 권한(universal Lordship)'을 '개인적 차원(personal level)'의 의미와 관련시켜 설명할 수 있을까요?

첫 번째 질문의 경우, 하느님 아버지께서 우리에게 드러내신 말씀은, 부활하시고 영광을 입으신 예수님 자신입니다. '하느님의 계시 전반(totality of divine revelation)'은 오로지 부활하신 예수님 그분 안에 있습니다. 그러나 현재의 부활의 영광을 입으신 상태의 예수님은, 다소 신비스러운 방식으로 존재하시는, 즉 그분께서는 장차 오실 분으로서 세상의 종말에 속하는 분이십니다.

역사적 사실로서 일어난 예수님의 부활은, 역사 속에 그 한쪽 발을 내디딘 것이며(빈 무덤), 다른 한 발을 내딛게 될 사건은 다가올 시대에 그분의 부활과 함께 시작될 '새 예루살렘(New Jerusalem)'에서 일어날 것입니다. 이 말은, 예수님 자신의 부활은, 역사의 종말에 있을 '마지막 변모(final transformation)'를 예고하는 동시에, 역사의 종말을 명시하는 그 마지막 변모 안에 하나의 시작 사건에 속한다는 것을 의미합니다.

우리는 하느님 아버지께서 예수님을 통하여 우리에게 하신 말씀을, 예수께서 마지막으로 오실 시점인 역사의 종말에 도달하기 전에는 완전히 이해하지 못할 것입니다. 비록 하느님의 계시가 부활하신 예수님 안에서는 완전하다고 하더라도 우리에게는 그것이 역사가 끝나는 시간 이전에는 완전하지 못할 것입니다. 이것은 사실입니다. 왜냐하면, 역사 그 자체가 하느님과 그분의 계획을 나타내고 있음을 이해한다면, 역사가 끝나기 전에는 그 계시가 (우리에게는) 완전한 것이 될 수 없기 때문입니다.

그러므로, 역사의 완전한 의미는 '시간의 종말(end of time)'이 되어서야 드러날 것입니다. 그래서 어떤 것이라도 그것의 완전한 의미는 역사가 끝나는 시점까지는 알 수 없을 것입니다. 나아가 어떤 것이라도 그 본질은 그것이 마지막에 무엇이 되느냐에 따라 결정될 것입니다. 어느 한 사람의 본 모습도 그 사람이 궁극적으로 무엇이 되느냐에 따라서 결정될 수 있습니다. 이 말은, 뒤늦게 도착한 일꾼의 비유(마태 20:1-16)와 갈바리아산에서 회개하는 우도와의 대화(루카 23:40-43)가 나타내는 의미의 일부입니다. 모든 사물과 인간들은 부활하신 예수님 안에서 최후의 완성과 성취를 향해 나아가고 있습니다.[67] 모든 피조물은 그(것)의 진정한 의미와 방향을 예수님 안에서 발견합니다. 만물이 예수님에게로 향하고 있는 이 사실이, 우리가 예수님은 주님이시다 라고 말할 때 그 의미인 것입니다.

어떤 사물의 본질(essence)과 어떤 사람의 동일성(identity)은, 그 사람 또는 사물과 예수님과의 관계에 의해서 결정됩니다. 왜냐하면 예수님께서 각 피조물에게 최종 지위와 의미를 부여해주시고, 각 피조물의 전체적인 모습을 완전하게 드러내실 최후의 심판자이시기 때문입니다. 그러므

---

67 역주: 완성(consummation), 하느님께서 목적하시고 소망하시는 바를 모두 이루심; 성취(또는 완수, fulfillment), 하느님께서 약속하시고 계획하시는 바를 모두 행하심.

로 우리들은 하느님께서 우리 각자에게 최초 예정하신 그 모습에 아직 도달하지 못했습니다. 우리는 우리의 참된 모습을 아직 가지지 못했습니다. 우리들 각자는 우리의 참된 자신으로 되어가고 있는 중이며, 궁극적인 자신의 모습을 향해가고 있는 과정 중에 있습니다. 우리가 참 모습으로 '되어가는 것(becoming)'은 바로 예수님과의 관계이자 그 관계 안에서 이루어 집니다. 요한 묵시록에, 주님께서는 이 세상이 끝날 때 그리고 모든 사람 각자의 개인적 역사가 끝날 때 우리들 각자에게 흰 돌을 주실 것인데, "그 돌에는 그것을 받는 사람 말고는 아무도 모르는 새 이름이 새겨져 있다"고 합니다. 그 새로운 이름이 지금은 부활하신 예수님 안에 감추어져 있는 각자의 참된 실체입니다. 그리고 그때에야 비로소, 내가 나의 참된 실체가 될 것이며 내가 나의 실체를 알게 될 것입니다. 나의 참된 존재는 그분 안에 있고 또한 내 삶의 의미는 그분 안에 숨겨져 있습니다. 이와 마찬가지로 나의 실체와 존재의 의미는 그분에게 달려있습니다. 그리고 비밀의 그 새 이름이, 그분께서 사랑 안에서 나를 어떻게 보시느냐를 판단할 것입니다. '흰 돌에 적힌 새 이름'이야 말로 완전하고 완성된 나의 참 모습을 나타내기 때문에, 그것이 나를 영원한 기쁨과 사랑의 황홀경에 젖도록 해 줄 것입니다.

이것이 그리스도 안에서 새로 태어남을 뜻하는 것입니다. 모든 창조와 온갖 피조물들은 예수님과 관련되어 있으며, 각자가 자신의 밖으로 뛰쳐나가 예수님에게로 향할 때, 그리고 예수 그리스도님 안에서 자신을 발견하기 위해 자신을 버림으로써, 진정한 자신의 모습을 발견하게 됩니다(마태 10:39, 마르 8:35-36, 루카 9:24, 요한 12:25). 하느님의 창조 활동인 세상을 유지하시고 그곳에 각 피조물을 존재케 하시고, 세상을 움직이고 만물이 앞을 향해 나아가도록 (이것이 역사임) 만드시는 활동은, 부활하신 예수님을 통하여 중재됩니다. 만물이 존재하는 것은 오직 그분과의 관계 안에서만 가능합니다(요한 1:1－4, 콜로 1:16－17). 그리고 이와 같이 만물의 존재와 그 의미와 그 완성을 중재하시는 것이, 예수님의 권한이 의미하는 바인 것입니다. 이것이 바로 우리가 "예수님은 주님이시다"라고 외치는 의미인 것입니다.

우리는 우리 각자가 예수님과 경건한 관계를 맺고 그 관계를 계속 유지할 때 그분께서는 희망을 약속하십니다. 예수님의 부활은, 비록 역사적인 사실이기는 하지만, 본질적으로 이 세상의 종말과 함께 다가올 새로운 세상에 속합니다. 그것은 다음 세계의 시작을 예고합니다. 나아가 그분께서 죽음에서 부활하셨으므로, 예수께서는 모든 공간과 시간을 초월하여 그분의 권능으로 언제 어디서나 영향력을 미치시며 함께하고 계십니다. 예수께서는 궁극적인 미래와, 궁극적인 미래를 향하여 가고 있는 모든 것을 예고하고 계시기 때문에, 당신 스스로 예언자적 방법으로 그 미래 전반을 내포하고 계십니다. 미래는 원초적으로 예수님 안에 있었습니다. 그분은 세계의 미래와 모든 사람의 개인적인 미래를 주관하고 계십니다. 그러므로 그리스도인들에게는 예수 그리스도께서 바로 그들의 미래이십니다.

그리고, 나를 위해 존재하시고 나의 미래를 당신 안에 지니고 계신 예수님은 당신 안에 감추어져 있는 나의 미래 모습을 지금도 만들고 계십니다. 그런 의미에서 그분은 내 희망의 기초입니다. 내가 미래에 대한 희망을 가질 수 있는 이유는, 비록 나의 미래가 어떻게 될지 알 수 없으나, 그 미래를 주관하시는 분-아버지께서 나의 일생을 통하여 궁극적으로 성공적인 결과를 약속해주셨음을 알게 해주시고, 당신 안에 있는 평화로 나를 가득 채워 주심으로써 미래에 대한 나의 모든 두려움을 치유해주시는-그분이 바로 예수 그리스도님이심을 알기 때문입니다.

마라나 타 (Marana tha). 주 예수님, 어서 오소서.

기도

예수님, 당신은 주님이십니다. 당신은 온 우주의 주님이시며, 저의 주님이시고, 제 삶의 주님이십니다. 지금 다시 한번, 당신을 제 삶의 주님으로 모십니다. 당신께서 저의 주님이심을 고백합니다.

저의 삶을 당신의 권한 아래, 당신의 손에 맡겨드립니다. 제 인생의 모든 긍정적인 관계들을 당신의 권한아래 맡겨드립니다. 저에게 소중한 사람 각자를, 그리고 그 사람들 각자와의 관계를 당신의 손에 맡겨드립니다. 곧게 펴져야 할 어떠한 관계도 당신께서 펴주시고 더욱 강하게 만들어 주십시오. 어떠한 왜곡된 방식도 곧게 펴주시고, 부족한 곳을 채워주시며, 그 관계에 도움이 되지 않는 저의 어떠한 자만심이나 이기심이나 소유욕도 치유해주시고, 그 자리에 건전한 자긍심으로 채워주십시오. 제 인생의 아름답고 적극적인 관계들을 하나씩 치유해주십시오. 주님, 감사합니다.

예수님, 어떤 부정적인 관계도 하나씩 당신의 권한 아래 맡겨드립니다. 제 마음 속의 다른 사람에 대한 분노나 노여움이나 냉정함이 발견되는 곳에, 당신의 이해심과 자비로 덮어주십시오. 질투심과 부러움이 발견되는 곳에는 다른 사람에 대한 반가움으로 덮어주십시오. 제 안에 그 사람에 대한 두려움이 발견되는 곳에 용기와 확신과 자신감 그리고 필요한 만큼의 단호함을 허락해주십시오.

주님, 당신은 제 미래의 주님이십니다. 저의 모든 미래를 당신의 손에, 당신의 권한 아래 맡겨드립니다. 제 미래의 주님, 오늘의 남은 시간과 내일 하루와, 이번 주의 남은 날들과 남은 올해를, 그리고 저의 여생과 이 세상의 삶 이후의 저를 당신에게 맡겨드립니다. 미래에 대한 걱정을, 자신과 제게 소중한 사람의 미래에 대한 걱정을 당신에게 맡겨드립니다. 예수님, 당신을 신뢰합니다. 당신에 대한 더 깊은 신뢰를, 당신을 향한 더 큰 희망을 제 마음에 심어주소서. 아멘.

제 9 장

내적치유를 위한 기도

예수님께서 말씀하십니다: "네가 잔치를 베풀 때에는 오히려 가난한 이들, 장애인들, 다리 저는 이들, 눈 먼 이들을 초대하여라"(루카 14:13). 예수님은 물론 당신 자신의 가르침을 따라 살아가시는 분입니다. 그래서 내적으로 가난하고 눈이 멀고 상처로 불구가 된 우리들은 그분의 잔치에 초대 받을 자격이 있습니다. 우리는 우리의 상처를 치유받기를 희망하며 그분의 뒤 모습을 향해 소리칩니다. 과연 그분께서는 우리를 기꺼이 반기며 치유해 주실까요? 한 나병환자가 "주님! 주님께서는 하고자 하시면 저를 깨끗하게 하실 수 있습니다"(마태 8:2) 라고 시험 삼아 말했을 때, 예수께서는 그 말에 감동하시고, "내가 하고자 하니 깨끗하게 되어라"(마태 8:3) 하자 나병이 깨끗이 나았습니다.

내적치유를 위하여 기도하는 한 가지 방법은, 예수님의 손을 잡고 그분을 나의 과거 삶의 과정으로 모시고 가는 것입니다. 그분은 나를 사랑하시기를 잠시도 멈추시지 않고 내가 태어난 순간부터 항상 거기에 계셔왔습니다. 그분은 실제로 끝없는 시간 안에서 나를 미리 생각하셨고 내 삶의 모든 것을 계획하셨습니다.

"모태에서 너를 빚기 전에 나는 너를 알았다.
태중에서 나오기 전에 내가 너를 성별하였다.
민족들의 예언자로 내가 너를 세웠다."

(예레 1:5)

"우리는 하느님의 작품입니다.
우리는 선행을 하도록 그리스도 예수님 안에서 창조되었습니다."

(에페 2:10)

예수께서는 내 삶의 세세한 부분까지 다 알고 계십니다. 그분은 내가 자신에 대해서 기억하고있는 것 보다 더 잘 기억하고 계십니다. 그리고 그분께서는 나를 사용하고자 희망하시는 바에 따라 나를 위한 일을 계획하고 계십니다. 내가 치유되고 과거로부터 해방되어 그분을 위해 더욱 쓸모있고 더욱 건장하고 더욱 활발한 인간이 될 수 있습니다. "나는 양들이 생명을 얻고 또 얻어 넘치게 하려고 왔다"(요한 10:10b)고 하신 말씀대로 그분께서 내 안에 이루어 주시기 때문입니다.

그래서 나는 예수님에게 내가 잉태되던 그 순간의 어머니 뱃속으로 나와 함께 다시 돌아가주시기를 간청합니다:

"정녕 당신께서는 제 속을 만드시고
제 어머니 배 속에서 저를 엮으셨습니다
제가 오묘하게 지어졌으니 당신을 찬송합니다.
당신의 조물은 경이로울 뿐."

(시편 139:13-14)

나의 인생계단

나는 나의 삶의 과정을 하나의 계단으로 생각하고 마음속에 생생하게 그릴 수 있습니다.[68] 내가 어머니의 뱃속에서 임신되던 순간을 가장 아래 계단으로 생각하십시오.

1. 첫째 계단: 새 생명의 시작

첫째 계단인 맨 아래 계단에 올라서서 주님에게 그 때의 상황을 말씀 드립니다. 내가 잉태되던 순간은 사랑과 행복에 찬 시간일 수도 있고 광포하거나 비탄과 고통의 시간일 수도 있습니다. 아마도 나는 결혼생활이 아닌 상황에서 잉태되었거나 폭력에 의해 잉태되었을 수도 있습니다. 나의 어머니가 나를 가졌을 때 몸이 아프셨을 수도 있습니다. 내가 잉태되었을 때의 모든 사실을 그분의 손에 갖다 놓으십시오. 그리고 나의 인생이 처음 시작될 그 순간 나에게 상처를 입힌 사람이 누구였든 나는 그 사람을 용서합니다. 그리고 나서 나는 예수님에게 치유의 은사를 간청합니다.

> 주님이신 예수님, 저의 존재가 최초로 시작되는 순간 당신께서 거기에 계셨습니다. 당신께서는 제가 존재하도록 부르셨습니다. 제가 잉태되던 과정에 입게 된 모든 상처를 치유해주시고, 또한 제 안에 아직 남아있는 잉태되던 순간에 치유가 필요했던 상처도 모두 치유해주십시오. 주 예수님, 어서 오소서.

2. 둘째 계단: 어머니의 뱃속에서 보낸 시절

---

68 삶의 과정을 하나의 계단(staircase)으로 상상하여 기억을 떠올리는 방법: Robert DeGrandis, *Layperson's Manual for Healing Ministry*, HOM Books, Lowell, Massachusette, 1985.

나는 내 인생의 둘째 계단인, 어머니의 뱃속에서 지냈던 과정을 주님에게 말씀드립니다. 내가 어머니의 뱃속에서 보낸 아홉 달은, 뒤이어 일어난 나의 삶과 태도에 중대한 영향을 미쳤습니다. 깜깜하고 따습한 어머니의 뱃속은, 어머니의 경건하고 사랑스러운 보호 아래 주님과 함께 마음껏 쏘다녔던 정원과도 같았습니다. 또는 그때가 걱정과 병고 그리고 가난과 소외 등으로 불행했던 시절이었을 수도 있습니다. 나의 어머니와 아버지가 그 기간 동안 어떻게 살으셨든 그 시기가 나에게 영향을 미쳤습니다.

아마도 어머니의 뱃속에서 내가 충분한 영양을 섭취하지 못했거나 나의 성장에 별로 좋지 못한 영양을 섭취했을 수도 있습니다. 그리고 내가 어머니의 뱃속에서 점차 형성되는 과정에 어머니의 흡연이나 음주 또는 기타 심리적인 문제로 어떤 나쁜 영향을 끼쳤을 수도 있습니다.

마찬가지로 나는, 내가 용서해야 할 그 누구도 용서합니다. 특히 아마도 내가 원치 않았던 아기였거나 낙태를 계획했거나 시도했던 사실로 인해 심각한 위협을 받았을 수도 있습니다. 자신이 그렇게 생각한다면 그 사람을 용서합니다. 이 경우는 깊은 치유가 필요할 수도 있습니다. 그래서 나는 서두르지 않습니다. 필요하다면 어느 단계에서 조용히 오래 머물러 계십시오. 만약에 그 사건과 관련된 사람이 아직도 살아있다면, 그 사람이 이미 용서 받았더라도, 용서한다는 어느 정도의 제스처가 도움이 될 수도 있습니다.

예수님, 당신께서 제 어머니 뱃속에서 뜨개질 하시듯 저를 짜주시고 저를 만들어 주셨습니다. 그리고 당신께서 바로 지금 저를 사랑하시듯이 그때도 저를 사랑하셨습니다. 주님, 당신께서 어머니의 뱃속에서 저를 만드신 동안, 치유가 필요했던 부분을 지금 발견하시면, 그 어떤 상처라도 속속들이 치유해주십시오. 예수님, 당신께서 치유해주신다면 제가 곧 나을 것입니다.

내가 태어날 순간 예수님도 거기에 계셨습니다. 내가 태어날 때 도움을 준 누군가가 거친 손길로 다루었을 수도 있지만, 나는 분명히 알고 있습니다:

“그러나 당신은 저를 어머니 배속에서 이끌어 내신 분
어머니 젖가슴에 저를 평화로이 안겨 주신 분
저는 모태에서부터 당신께 맡겨졌고
제 어머니 배속에서부터 당신은 저의 하느님이십니다.”

(시편 22:10－11)

주 예수님, 제가 태어날 때 당신께서 제 옆에 서계셨습니다. 그때 저였던 조그마한 아기를, 아직 제 마음 깊은 곳에 간직하고 있는 그 갓난 아기를 당신의 두 팔로 안아주십시오. 저를 편안하게 해주시고 저를 위로해주십시오. 당신께서는 제가 태어나기를 원하셨고 살아서 자라기를 원하셨습니다. 제가 태어날 때 받은 마음의 상처와, 깜깜하고 온기에 싸인 어머니의 뱃속으로부터 다른 사람들이 지켜보는 가운데 눈부시고 떠들썩한 바깥 세상으로 나올 때의 그 충격을, 지금 치유하여 주십시오. 예수님, 제가 태어난 순간과 그 후 지금까지 제 마음 속 깊이 남아있는 상처와 상처자국을 치유해주십시오.

3. 셋째 계단: 나의 유년기

내 인생의 다음 계단은, 나의 유년기 시절입니다. 그때의 한 해 한 해를, 그때의 사람들과 상황에 대한 기억을 가능한 한 자세히 떠올려 되짚어봅니다. 나는 그 기간 동안 있었던 일과, 나의 귀로 들었던 말 안으로 주님께서 깊숙이 들어가주시도록 요청합니다. 어쩌면 나의 어머니가 내가 바랐던 모든 관심을 내게 쏟아주지 않은 데서 상처를 받았을 수도 있습니다. 또는 나보다 먼저 또는 나중에 태어난 아이와 어머니나 아버지의 관심을 서로 많이 차지하기 위해 경쟁했을 수도 있습니다. 아마도 우리 가정이 가난했거나, 추위나 더위로 인해 고생했거나, 음식이 충분하지 못해서 고생했을 수도 있을 것입니다. 나는 그때의 어린시절로 돌아가 그때의 상황이 어떠했는지 나의 심정이 어떠했는지를 가능한 한 기억에 떠올리도록 노력합니다.

예수님, 제가 학교를 다니기 전에 집에서 보낸 시간에 대해 당신에게 감사드립니다. 제가 상상 속에서 그때 살았던 곳을, 제가 놀고 자고 먹고 했던 여러 장소를 보고있습니다. 그리고 당신의 모습도 보고있습니다. 예수님. 그때, 그 각각의 장소에서 당신께서 저를 지켜보시고 저를 사랑하시고 저를 돌봐주고 계시는 모습을 볼 수 있습니다. 주 예수님, 저를 양육하신 어머니와 아버지를 저에게 주시고, 함께 도움을 주신 모든 분들에 대해 당신에게 감사와 찬미를 드립니다. 저의 어릴적 삶을 통해 베풀어주신 사랑에 대하여 당신께 감사드립니다. 말이나 행동으로 저에게 알게 모르게 상처를 입혔을 지도 모르는 저의 어머니를 용서합니다. 저에게 애정을 쏟지 않으시고 저에 대한 이해심이 부족했던 저의 아버지를 용서합니다. 제가 혹 달성할 수 없는 목표를 세우시고 또한 저에 대한 너무 많은 기대를 하신 저의 아버지를 용서합니다.

4. 넷째 계단: 나의 소년기

그리고 나는 초기 학창시절로 넘어갑니다. 가장 작은 사건이라도 종종 가장 큰 상처가 될 수 있으며 그 영향이 오래 지속될 수 있습니다. 내가 살이 너무 쪘었거나 체구가 너무 작아서 또는 발음을 잘 못해서 학교에서 놀림을 받았을 수도 있습니다. 내가 운동 소질이 없었거나 또는 친구들이 나를 받아주지 않았을 수도 있습니다. 더욱 나쁜 것은 주변에서 나를 못살게 굴었던 사람이나 불공정한 선생이 있었을 수도 있습니다.

> 주 예수님, 당신께서는 제가 다니던 초등학교에도 계셨습니다. 제가 다닐 때의 그 학교를, 그때의 교실과 복도와 사물함과 운동장을 기억합니다. 그리고 예수님, 거기에 계시는 당신의 모습을 바라봅니다. 수업 시간에 저와 함께 계시고, 사랑에 찬 모습으로 저를 지켜보시고, 저에게 나쁘게 대했을 지도 모르는 아이들에 대항해서 저의 편이 되어주시는 당신의 모습을 바라봅니다.

5. 다섯째 계단: 나의 사춘기와 청년기

다음 계단인 나에게 큰 변화와 고통의 시기였던 사춘기와 청년기 시절로 넘어갑니다. 그때 겪었던 고통으로 인한 상처들 중에 일부는 어떤 방식으로 든 아직도 기억 속에 남아있는데, 그것은 다른 사람들이 내게 지은 죄에 기원을 두고 있습니다. 어떤 상처들은, 나의 사춘기와 청년기 동안 나 자신의 죄와 나의 죄로 점철된 생활에 그 뿌리가 있습니다. 나는 기도할 수 있습니다:

> 예수님, 당신께서도 마찬가지로 성장과정을 거치셨습니다. 당신께서도 당신 스스로의 사춘기와 청년기를 겪으셨습니다. 제 인생을 통하여 그 기간 동안에 받았던 여러 가지 고통스러웠던 상처들을 치유해주십시오. 그 당시 저는 깊은 슬픔에 잠겨있었습니다. 주님, 제 마음을 치유

해주십시오. 사춘기를 겪으면서 신체적 정서적 변화를 이해하지 못했기 때문에 고통스러웠습니다. 저는 어떻게 해야 할 지를 몰랐습니다. 때로는 바보같이 느껴졌고 때로는 바보같이 행동했습니다. 저는 많은 죄를 지었습니다. 저는 당신께서 저를 용서해주실 것을 알고있습니다. 저를 치유해주십시오. 저는 학교에서 그리고 제 또래의 다른 아이들 앞에서 저질렀던 실수로 인하여 고통스러웠습니다. 예수님, 당신께서는 제 인생의 힘든 시기였던 그기에 지금 계십니다. 제 안에 혹 아직도 잠재해있어 제 삶의 어려움의 근원이 되는 그 상처들을 치유해주십시오.

6. 마지막 계단: 나의 성년기

이제 마지막 계단인 나의 성년기로 되돌아갑니다. 나는 성년기의 삶의 과정에 걸쳐 바로 현재 이 시간까지 상처를 받아왔습니다. 나는 주님께서 상처입은 기억을 제거해주시기를 청하는 것이 아닙니다. 단지 그분께서 상처와 고통 그리고 수모와 두려움과 고독을 제거해 주시어 상처와 관련된 사건의 의미를 변화시켜주시도록, 그분을 나의 기억 안으로 초대하기를 원합니다.

주 예수님, 저는 제 인생의 성년기 과정에서 상처를 입어왔습니다. 부디 제가 겪은 고통과 관련된 상처들과 그 상처를 입힌 사람들을 제 마음 안으로 데려와 주십시오. 제가 치유받기 위해 당신에게 가져가야 할 그 상처들을 제게 보여주십시오. 또한 당신께서 분부하신대로 저에게 상처를 입힌 사람들을 제가 용서함으로써 당신께서 저의 상처를 치유하실 수 있도록, 그 사람들을 제게 보여주십시오. 저의 상상 안에서 그 사람들 각자를 볼 수 있게 도와주시고, 그렇게 하여 저의 상상 속에서 저의 두 팔로 그 사람을 포옹하면서 "나는 너를 용서한다"라고 말할 수 있게 도와주십시오. 그리고 예수님, 당신의 두 팔로 우리 두 사람을 당신의 양편에 안으시고 저에게 용서할 수 있는 은총을 베풀어주시는, 당신의 모습을 보고 싶습니다. 예수님, 상처로 얼룩진 저의 기억을 치유해주십시오.

내가 나의 '인생계단'을 한 계단 한 계단 올라가는 동안, 그 상처들의 형태가 달라질 수 있습니다. 우리는 종종 하나의 패턴이 된 상처 즉 다른 사람들이 특히 내가 상처받기 쉬운 부위에 아마도 본능적으로 집착함으로써, 평생동안 같은 문제가 반복되어 하나의 패턴이 된 상처로 고통을 겪을 수가 있습니다. 이에 대한 하나의 해결책은, 예를 들어 내가 상대방에게 항상 압도당함으로 인하여 받게 되는 상처의 경향을 부술 수 있는 방법은, 그 문제와 관련된 사람들을 용서할 수 있도록 기도를 드리는 것입니다. 나는 주님께서 그들을 용서해주시도록 기도하고, 또한 그들을 진심으로 용서하고, 그들을 위해 기도를 바칩니다. 이렇게 함으로써 그러한 패턴을 부술 수 있습니다. 왜냐하면 만약 내가 남을 속박하면 내 자신도 속박되기 때문입니다. 그들을 해방시킴으로써 나 자신도 또한 해방됩니다.

"네 이웃의 불의를 용서하여라.
그러면 네가 간청할 때 네 죄도 없어지리라."
(집회 28:2)

우리는 우리가 사랑하는 사람으로부터 가장 심한 상처를 받을 수 있습니다. 예수께서는 이점을 너무나 잘 알고 계십니다. 우리는 다음의 구절에서 그분의 심정을 잘 이해할 수 있습니다: "누가 그에게 '당신 가슴에 있는 이 상처들은 어찌 된 것이오?' 하고 물으면, 그는 '내 친구들의 집에서 입은 상처요'하고 대답할 것이다"(즈카 13:6). 그러나 예수께서는 당신을 증거해 줄 사람이 절실히 필요했음에도, 당신을 버리고 심지어는 당신을 모른다고 까지 하며 당신을 부인했던 그 친구들을 다시 만났을 때, 한 마디의 비난도 하지않으셨습니다. 더구나 그분께서는 상처 자국을, 심지어 영광을 입으신 그분의 옆구리에 크게 벌어진 창에 찔린 상처까지도, 그대로 지니고 다니실 것을 택하셨습니다. 그리고 그분은 토마에게 그분의 상처를 확인시켜 주십니다: "네 손가락을 여기 대 보고 내 손을 보아라. 네 손을 뻗어 내 옆구리에 넣어보아라. 그리고 의심을 버리고 믿어라"(요한 20:27).

내 죄의 뿌리와 정서문제의 치유

내가 고통스러운 기억들을 치유하기 위한 기도를 마쳤을 때, 내 죄의 뿌리와 정서적인 문제를 치유하기 위해 기도드릴 수 있습니다. 나는 나의 습관적인 죄의 뿌리는, 특히 나의 인격적 존엄성과 자존심을 손상시키는 죄와, 내가 나 자신을 미워하도록 만드는 죄를 치유해주시도록 주님께 간청하기를 원할 것입니다. 나의 습관적인 죄의 뿌리는, 분노와 인내심 부족 또는 남에 대한 (특히 나보다 약한 사람에 대한) 충동적인 폭발 등과 관련된 것일 수 있습니다. 그것은 또한 성(性) 문제와 관련된 죄일 수도 있습니다. 이는 나의 삶을 통하여 주님께서 내가 사랑하도록 분부하신 그 사람들을 내가 충분히 사랑하지 않음으로 인하여 범하게 되는 경우입니다. 그 밖에 그 어떤 것이라도 죄의 뿌리가 될 수 있습니다.

나는 주님에게 나의 정서적인 문제를 치유해주시도록 기도드릴 수 있습니다. 주님께서는 기도에 대한 응답으로, 우울증이나 걱정, 다양한 종류의 두려움이나 공포, 이미 용서받은 죄에 대한 죄책감, 그리고 그 밖에 다른 정서적·심리적 문제들을 치유해주실 수 있습니다. 예수께서는 이러한 증세나 상황을 완전하게 또는 부분적으로 치유하실 수 있으며 또한 그렇게 하십니다. 이 말은, 내가 받아오던 각종 심리요법이나 정신치료를 중단해도 좋다는 뜻이 아닙니다. 전문가의 도움과는 별도로, 나는 기도를 드리고 또한 그분에게 직접 다가갈 수 있습니다.

예수님, 당신께서 저를 사랑하고 계신다는 것을 알고 있습니다. 저는 죄인이오니 당신께서 친히 저에게, 조건 없이 그리고 자격을 따지지 않으시고 베푸시는 사랑으로, 저를 완전히 용서해 주십시오. 당신께서는 저의 죄가 많음에도 불구하고 저를 사랑하시는 것이 아니라, 부분적으로는 그렇기 때문에 저를 사랑하십니다. 제 안에 있는 당신의 자비심을 위한 통로는, 당신의 위대하신 저에 대한 총체적 사랑을 위한 통로입니다. 당신께서는 죄인들을 위하여 이 세상에 오셨습니다. 당신께서는 창녀나 배신자와 식사하시기를 주저하지 않으셨고, 죄 많은 사람들을 찾아내시어 그들이 당신을 따르도록 만드셨습니다. 저의 습관된 죄의 뿌리들을 치유해주십시오. 저의 죄로 점철된 삶을 치유해주십시오.

주 예수님, 제게 있는 어떠한 정서적인 문제도 당신께 맡겨드립니다. 마음 한 구석에 자리잡고 있는 어떠한 우울한 마음이나 근심이나 슬픔도, 모두 당신의 손에 맡겨드리오니 치유해주시기를 간청합니다.

예수님, 과거에 제가 인정하고 이미 용서를 구했던, 죄나 범죄에 대한 어떤 죄책감도 당신에게 맡겨드립니다. 당신께서 이미 사해주셨음을 알고 있습니다. 저는 당신의 너그러우심과 저에 대한 당신의 자비로

우신 사랑을 받아드립니다. 과거에 제가 범한 죄와 관련된 사람이나 저를 그 죄로 인도한 사람들을 모두 용서합니다. 제가 그들을 용서하오니, 그 죄로 인하여 제 안에 생긴 상처들을 치유해주시기를 당신에게 간청합니다.

주님, 제 안에 있는 두려움을 당신에게 맡겨드립니다. 부디 어떠한 막연한 공포감이나 타인에 대한 두려움이나 이성에 대한 두려움과 어두움에 대한 공포나 동물에 대한 두려움도 치유해주십시오.

예수님, 다른 사람이 저를 평가하는 것에 대한 두려움을 치유해주십시오. 실패에 대한 두려움도 치유해주십시오. 예수님, 저를 위해 당신께서 베푸시는 사랑의 치유능력에 감사 드립니다.

나는 내적치유를 위해 혼자서 기도를 드리거나 또는 짝을 이루거나 몇몇 사람들과 함께 기도드릴 수 있습니다. 나와 함께 기도할 사람이, 분별력이 있고 주님과 훌륭한 관계를 유지하는 사람일 수 있도록, 신중을 기해야 할 것입니다. 나의 비밀스러운 상처가 드러나는 경우를 감안할 때, 그 사람이 과연 어떤 충고나 통찰력을 유익하게 나눌 수 있는지에 대해 각자의 현명한 식별이 필요할 것입니다: "성령의 불을 끄지 마십시오….모든 것을 분별하여, 좋은 것을 간직"(1테살 5:20-22)하십시오.

참고도서

이 책의 본문에서 인용한 책을 포함하여 치유일반 분야와 내적치유 분야의 도서를 소개합니다.

1. 치유일반

♣ 역서

Mcnutt, Francis, *Healing*, Notre Dame, Ave Maria, 1974.
「치유」 공영길 역.

♣ 원서

Buckley, Michael, *His Healing Touch*, Collins Fount, 1987.

DeGrandis, Robert, *Layperson's Manual for The Healing Ministry*, privately published, Lowell, Massachusetts 01850, 1985.

Heron, Benedict, *Praying for Healing*, New Life, Luton, 1989.

Kelsey, Morton, *Healing and Christianity*, Harper, New York, and

SCM Press, London, 1973.
Linn, Mathew, Sheila Linn and Dennis Linn, *Simple Ways to Pray for Healings*, Pauline, New York, 1996.

McManus, Jim, *Healing in the Spirit*, Darton, Longman and Tod, London, 1994.

McNutt, Francis, *Power to Heal*, Notre Dame, Ave Maria, 1977.

McNutt, Francis, *The Prayer That Heals: Praying for Healing in the Family*, Notre Dame, Ave Maria and Hodder and Stoughton, 1981.

Ryan, Barbara Shelmon, Mathew and Dennis Linn, *To Heal As Jesus Healed*, Resurrection Press, 1997.

Sanford, Agnes, *The Healing Light*, Logos, Plainfield, NY, 1947.

Shelmon, Barbara, Healing *Prayer*, Ave Maria, Notre Dame, 1976.

2. 내적치유

✠ 역서

Linn, Mathew and Dennis, *Healing Life's Hurts*, Paulist, New York, 1978.
「영육의 상처를 치유하시는 예수님」 엄영호 역, 가톨릭 출판사, 1984.

Linn, Mathew and Dennis, Healing of Memories: *Prayer and Confession-Steps to Inner Healings*, Paulist, New York, 1974.

「기억의 치유」 엄영호 역, 성요셉 출판사, 1986.
Linn, Mathew, Sheila Fabricant Linn and Dennis Linn, *Healing the Eight Stages of Life*, Paulist, New York, 1988.
「내 삶을 변화시키는 치유 8단계」 김종오 역, 생활성서사, 2003.

✣ 원서
Scanlon, Michael, *Inner Healing*, Paulist, New York, 1974.

Stepleton, Ruth, *The Gifts of Inner Healing*, Word, Waco, 1976.

Stepleton, Ruth, *The Experience of Inner Healing*, Word, Waco, 1977.

Tapscott, Betty and Robert DeGrandis, S.S.J., *Forgiveness and Inner Healing of Memories*, 1980.

3. 고백성사를 통한 내적치유

Scanlon, Michael, *The Power in Penance*, Ave Maria, Notre Dame, 1972.

역자의 말

우리는 기도·영성 분야의 많은 책을 접하면서 영성의 모범이 되어온 저자들을 통하여 성령께서 베풀어 주시는 다양하고 풍성한 은사를 '볼 수 있고' '느낄 수' 있습니다. 또한 특별은사를 지닌 이들 저자는 각자 고유한 방법으로 우리의 영적 안내자가 되어, 다양하고 풍성한 은사를 유익하게 사용하여 건강하고 활력에 찬 신심생활을 할 수 있도록 도와줍니다.

훼리시-루니 교수법

마찬가지로 역자도 이 책을 번역하면서, 훼리시-루니 두 분 저자의 특유한 방식을 통하여 베풀어지는 성령님의 충만한 사랑을 볼 수 있고 느낄 수 있었습니다. 저자의 특유한 방식이란, 저자 특유의 내적치유 기도에 관한 설명과, 이 설명에 따라 기도의 세계 안으로 독자를 안내하는 과정의, 두 단계로 나눌 수 있습니다. 이책 전반을 통하여 나타나는 저자의 특유한 방식에는 많은 요소를 포함하고 있지만, 특히 저자의 교수 방법과 관련된 몇 가지 특징은 다음과 같습니다. 첫째, 저자는 주제에 관한 설명에서 구체적인 숫자나 횟수를 언급하여 독자로 하여금 보다 구체적이고 정확하게 이해할 수 있도록 관심을 기울인 점입니다. 예를 들어, 복음서에 치유에 관한 내용이 전체의 '20퍼센트'를 (루가 복음의 경우 '1/3'을) 차지한다는 표현이나, 주님이라는 경칭을 루가 복음에서는 '열 여덟' 번 사용한다는 표현, 그리고 예수님은 주님이시다 라는 구절이 바울로의 서간에는 '여섯' 번 나온다는 등의 표현이 그것입니다. 막연히 많다 또는 적다는 식의 표현보다는 구체적인 숫자나 횟수를 지칭하여, 주제와 관련된 사건이나 상황을 더욱 구체적인 방법으로 설명하여 독자로 하여금 그 뜻을 정확하게 이해하도록 하기 위한 저자의 특별한 관심으로 볼 수 있습니다.

둘째, 인용할 성서 구절을 문장 안에 그대로 삽입하여 문맥을 이어가는 방법으로 설명하는 점입니다. 성서구절을 문장에 삽입하거나 또는 성서구절에 설명을 덧붙여 문장을 완성시키는 방법의 어느 경우 든, 표현과 뜻을 정확하게 일치시키고 문맥을 원활하게 하기 위해서는 해박한 성서지식은 물론 많은 시간과 노력이 필요한 작업임을 쉽게 이해할 수 있습니다. 이는 기도 중에 당시의 현장으로 초대 받은 상황에서, 혹시 당혹스러워 하거나 서성대고 있을 독자에게 '거기로 가보시오'가 아닌 '바로 이 자리로 오시오'라며 위치까지 지정해주는 친절한 안내자의 역할에 비유할 수 있겠습니다. 그러나 무엇보다 중요한 것은, 독자로 하여금 주제와 관련된 복음 말씀의 의미를 보다 구체적인 상황 안에서 보다 정확하게 이해하도록 돕고 또한 주제의 의미를 강조하는 효과를 지녔다는 점에서, 두 분 저자의 특유한 탤런트라고 할 수 있겠습니다.

셋째, 이 책은 내적치유를 위한 기도의 종류나 구체적인 방법을 나열하지 않은, 치유에 관한 성서·신학 내용의 해설을 바탕으로 한 기도서에 속합니다. 저자는 정교한 해석과 명료한 설명으로 이 책을 읽는 사람이면 누구나 주제의 요지를 쉽게 이해할 수 있고 나아가 저자와 곧바로 친숙하게 됩니다. 이는 이 책의 주제가 결코 쉬워서가 아니라, 오히려 상당한 수준의 신학내용을 가능한 한 쉽게 받아들일 수 있도록 해주는 저자의 탁월한 교수법 덕분이라고 생각합니다.

이 책을 통하여 훼리시 신부님과 루니 수녀님의 특유한 교수법은 오랜 기간 동안 기도·영성 분야에 봉직해온 두 분에게 베풀어진 특별은사의 열매인 것 같습니다. 바울로 사도가 열거한 다양한 특별은사 가운데서도 특히 "하느님의 말씀을 받아 전하는"(1고린 12:28) 능력을 십분 발휘하셨다고 확신합니다. 그러나 두 분의 탁월한 교수법 못지않게 중요한 것은, 이 책에 담겨있는 치유기도 내용 그 자체의 가치입니다. 또한 이 책의 가치와 교수법 못지않게 소중한 것은, 이 책을 읽는 동안 여러분과 함께 여러분을 위하여 기도드리는 두 분 저자의 깊은 영성과 아름다운 마음이라고 할 수 있겠습니다. 다음은, 이 책에서 다루어진 주제들 가운데 부활의 영광을 입으신 '예수님의 권한'과 그 권한으로부터 오는 치유은사와 관련된 배경을 간략히 설명하고자 합니다.

훼리시－떼이야르의 만남

훼리시 신부님은 1926년 미국 미네소타 주의 세인트 폴(St. Paul, 이하 세인폴) 시에서 태어났습니다. 신부님이 출생한 세인폴 시의 이름이 말해주듯 신부님은 아마도 바울로 사도와 특별한 인연이 있는 것 같습니다. 아마도 신부님은 일찍이 세인폴시의 정기를 받고 태어나, 바오로 사도의 영감과, 하느님에 대한 불 같은 사랑과 열정, 칼날같이 예리한 통찰력과 냉철한 이성과 같은 특징을 다분히 물려받으신 것 같습니다 (대사제이신 예수님의 제자로서 당연하겠지만). 훼리시 신부님의 저서 서너 권을 읽어본 바로는 최소한 그렇게 느끼지 않을 수 없습니다. 훼리시 신부님의 출생지와의 인연과 함께, 그분의 영성과 학문적 스타일에 영향을 미쳤을 만한 다른 요소로는 그분의 과학에 대한 관심과 군 경력인 것 같습니다.

훼리시 신부님은 예수회에 입회하기 전에 미국 해군사관학교를 졸업하고 장교(엔지니어)로 복무한 적이 있습니다. 하느님의 특별한 소명과 함께 해군장교이자 엔지니어로서의 경력은, 군의 규율과 과학에 대한 관심이 신부님이 추구하신 사도직과 학문에도 다분히 스며들어 저술 활동에까지 영향을 미친 것 같습니다. 신부님은 예수회에 입회하여 소정의 수련과정을 이수하고 세인트 루이스 대학에서 교육학 석사학위를 취득한 후 예수회 고등학교에서 수학과 종교교육을 가르치기도 했습니다. 그 후 프랑스 리용의 신학대학(Seminare de Missions)으로 유학하여 1962년 석사학위(영성신학)를 취득하고 같은 해 사제로 서품 되었습니다. 이 시기를 전후하여 훼리시 신부님은 예수회 동지이자 선배 사제였던 떼이야르 신부님(Fr. Pierre Teilhard de Chardin)의 학문과 영성의 세계에 동참하게 됩니다. 그 후 신부님은 미국으로 돌아와 카톨릭대학(Catholic University of America)에서 박사학위(영성신학)를 취득한 후 이 대학에서 얼마간 강의하다가, 바티칸 소재 그레고리안 대학(Pontifical Gregorian Universitas)의 교수(기도·영성신학)로 지금까지 봉직해왔습니다.

떼이야르 신부님(1881－1955, 프랑스)은 현생인류의 뿌리를 찾아 40년 이상을 발굴탐사에 헌신하신 당대의 저명한 고생물학자이자 (자연)현상학의 대가인 동시에 신학자였습니다. 손수 조직한 중국의 발굴단은 신부님의 인솔 하에 현생인류 조상의 하나인 북경원인의 유골을 발견하는 개가를 올렸고 그 후 자바원인을 발굴하는 쾌거를 이룩하게 됩니다. 이들 발굴과 함께 신부님의 연구업적은 현생 인류의 뿌리를 규명하는 연구를 한 단계 진보시킨, 지질학·인류학·고고학계의 큰 획을 긋는 위대한 업적이었습니다. 철학자 베르그송의 '창조적 진화' 사상에 깊은 감화를 받기도 했던 떼이야르 신부님은 한때 파리 가톨릭대학의 지질학교수로도 재직하는 등, 지구 역사를 통하여 생명과 정신을 이어온 하느님의 피조물에 대한 열정은 잠시도 식을 줄을 몰랐습니다. 이러한 신부님의 열정은 인류와 우주의 진화문제를 하느님의 창조·구원사업의 틀 안에서 역동적 운동이론으로 설명하여, 과학과 신학의 '자연스러운 만남'을 이룩하였습니다. 떼이야르 신부님의 고생물학이라는 도구와 영성의 눈은, 우리로 하여금 보다 구체적이고 넓은 안목으로 하느님의 창조·구원 사업과 계획의 의미를 깨닫도록 도움을 주었습니다. 말년까지 현생 인류의 뿌리를 찾아 온 정렬을 바쳤던 떼이야르 신부님이 작고하자, 교회와 학계는 그분의 영성 및 학문적 위업에 대한 연구를 대대적으로 착수하였습니다. 떼이야르 신님의 저술에서 서신에 이르기까지 문헌의 정리출판 작업이 한창이었던 1950년대 말–1960년대 초, 훼리시 신부님도 그 연구 대열의 한 사람이었습니다.

훼리시–떼이야르 두 신부님의 학문적·영성적 가교가 된 직접적 동기는 아마도, 떼이야르의 하느님의 창조·구원사업에서 조명한 인간과 우주의 진화문제 였던 것 같으며, 이와 더불어 두 분의 마음을 공유했던 과학에 대한 열정과 이냐시오의 영성(특히 십자가의 영성)이 두 분의 필연적인 만남으로 인도한 것 같습니다. 떼이야르의 진화이론을 포함한 그의 사상의 핵심을 이해하는 것은 매우 힘든 작업이었습니다. 인간의 보잘것없는 지혜로 하느님의 창조·구원 계획이라는 대상을 자연과학이라는 도구로 탐구한다는 문제 자체가 근원적으로, 불가능에 더 가까운 과업임은 당시나 반 세기 후인 지금이나 다를 바 없을 것입니다. 이와 더불어 떼이야르의 영성과 사상 자체도 그의 생애를 통하여 더욱 '성숙되어' 갔던 점–이는 어떤 물체의 운동을 관측할 때 관측자의 위치도 동시에 변하는 상황과 유사함-과, 떼이야르의 논문과 노트 내용의 일부는 논리가 약하거나 용어의 뜻이 모호했던 점 등의 이유 때문에, 그의 문헌을 번역하고 해석하는데 많은 어려움이 있었기 때문입니다. 그러나 이러한 많은 어려움에도 불구하고 훼리시 신부님은 떼이야르의 문헌을 시기 별로 대분하고, 각 단계 별 사상의 흐름(패턴)을 파악하여 보다 정확한 해석을 시도한 학자들 중에 한 분이었습니다.

훼리시 신부님은 떼이야르의 그리스도의 창조·구원계획과 피조물의 진화와 미래에 관한 사상 중에서 아마도 가장 핵심이 되는 인류의 구원문제를 재조명하여 구원에 필요한 요건들을 제시하고 있습니다.[69] 신부님은 하느님의 창조·구원 계획 안에서 일어나는 피조물의 진화 즉 구원의 과정과 궁극적인 미래에 대한 떼이야르의 사상으로부터, 부활의 영광을 입으신 예수님의 권능에 대한 올바른 이해를 통하여 (인간의 노력과 성령님의 도움으로) 얻을 수 있는, 구원에 필요한 구체적인 방법인 내적치유 능력을 이끌어낸 것입니다.[70] 다음은 이 책에서 소개한 예수님의 권한을 깨달음으로부터 오는 치유능력과 치유 받기 위한 조건에 대한 설명입니다.

세상 만물의 존재와 존재의 의미 그리고 이들의 완성을 중재하시는 분이 부활하신 예수님임을 깨닫고, '예수님, 당신은 나의 주님이십니다'하고 기도하며 우리의 모든 것을 그분의 권한 아래로 가지고가기만 해도 치유 받을 수 있는 것입니다. 예수님의 권한을 깨닫는 것 자체가 은총이며, "…성령에 힘입지 않고서는 아무도 아무도 '예수님은 주님이시다'고 할 수 없습

69 역주: Robert L. Faricy, S.J., 앞의 책, 이홍근 역, 1972.

70 역주: 두분 저자는 떼이야르와 함께 바치는 기도서를 별도로 발간하였음; Robert Faricy and Lucy Rooney, *Knowing Jesus in the World: Prayer With Teilhard de Chardin*, Queenship Publishing Co., 1997.

니다"(1코린 12:3). 그분의 권한을 깨닫는 데는, 해박한 교리지식이나 성서지식이 반드시 필요한 것은 아닙니다. 최후의 만찬에서 요한 사도가 그랬듯이, 주님이신 예수님을 전적으로 신뢰하면서 그분의 가슴에 조용히 기대있기만 해도 훌륭한 기도가 되고 또한 깊은 치유를 받을 수 있습니다. 부활하신 예수님의 권능을 깨닫는다는 것은, 내 스스로가 자신의 삶의 주인이 되기를 포기하고 자신의 밖으로 뛰쳐나가 예수님 안에서 자신을 버림으로써, 우리 각자에 대한 그분의 계획안에서 베풀어주시는 내적치유를 통하여 그분 안에서 새롭게 태어남을 의미합니다. 이것이 부활의 영광을 입으신 예수님의 권한과, 세상 만물을 중재하시는 그분의 권능을 깨닫는다는 의미이며 또한 그 깨달음으로부터 오는 치유능력의 의미인 것입니다. 이 치유능력이야말로 훼리시-루시 두 분 저자가 우리에게 가르쳐주는(제8장), 부활의 영광을 입으시고 아버지의 오른 편에 앉아계신 '주님이신 예수님'의 권한(Lordship)으로부터 베풀어지는 '희망과 구원'의 치유능력인 것입니다.

내적치유 기도의 힘

치유에 관한 내용이 복음서 전체의 20퍼센트(루가 복음의 경우 1/3)나 차지한다는 사실은, 예수님의 총제적인 자화상 안에 포함된 치유자가 되기 위한 계획이 얼마나 중대한가를, 그분께서 치유를 통하여 베풀어주신 사랑의 힘이 얼마나 위대한가를, 역으로 말해주고 있습니다. 저자는 성서에 나타난 예수님과 그분의 제자들에 의해 베풀어진 치유의 사례를 형태별(육체적, 심리적, 영적, 변모)로 나누어 설명하고, 각자가 원하는 치유를 받기 위해 필요한 조건과 기도에 관해서 설명한 후, 우리와 함께 기도드립니다.

모든 기도는 기도의 지향에 대한 각자 특유한 방식으로 하느님께 다가가고 하느님과 대화하고 하느님에게 간청하고 감사와 찬미를 드리는 고유하면서도 다양한 수단과 길이 있다는 것을 잘 알고 있습니다. 그렇다면 이 책에서 저자가 소개하는 고유하고 다양한 길이 무엇인가 라고 질문을 한다면, 역자는 '치유능력의 원천'을 이해하고 기도를 바치는 것이라고 말하고 싶습니다. 그렇다면 이 책에서 설명하는 치유능력의 원천에는 어떠한 것들이 있고 또한 그 원천으로부터 오는 기도의 힘이 왜 엄청난지를 간단히 설명하고자 합니다. 그러나 한 가지 분명한 것은 (이 책에서 저자가 누누이 강조하듯), 우리가 드리는 기도 자체에 힘이 있어서가 아니라 기도에 대한 응답에 담겨있는 하느님의 사랑이 치유한다는 사실을 명심해두어야 합니다.

예수께서 당신의 계획하신 바에 따라 치유자로서 직접 베풀어주신 내적 치유 능력의 원천은 크게 두 부분으로 나눌 수 있습니다. 예수께서 고난과 십자가에 돌아가시는 과정에 입으신 상처로부터 오는 치유능력과, 부활의 영광을 입으신 (상처를 그대로 지니고 계신) 그분의 권한을 깨닫고 '예수님, 당신은 나의 주님이십니다'하고 기도드릴 때 얻게 되는 치유능력 입니다. 이와 더불어, 평생을 통하여 예수님의 고난을 함께 하셨던 마리아님이 입으신 상처로부터 오는 치유능력과, 창에 찔린 예수님의 옆구리에서 쏟아져 나온 피와 물이 상징하는 사랑 그 자체인 성령님으로부터 오는 치유은사와, 그리고 삼위일체이신 하느님을 찬양하고 그분에게 울부짖음으로써 얻을 수 있는 치유능력 이 모든 능력이, 예수님께서 직접 베풀어주시는 치유능력에 더해집니다. 따라서 이 책에서 소개하는 치유기도에 대한 응답으로 얻어지는 위의 모든 치유능력을 합하면 그 위력은 가히 엄청나다고 할 수 있겠습니다. 복음서에 기록된 사건(또는 활동) 전체의 20 – 30퍼센트에 해당하는 엄청난 양의 치유에너지 또는 치유에너지의 원천인 하느님의 위대한 사랑이 치유능력으로 전환되기 때문입니다.

신약개발 과정에서 새로 발견한 물질의 효력을 시험하기위해서는 시험관실험과 동물실험 그리고 인체에 대한 임상실험의 순서를 거치게 됩니다. 이 과정의 시험에서 새로운 물질에 대한 신약으로서의 약효를 측정하는 기준을 치료지수(therapeutic index)라고 하며, 이는 그 물질의 효능을 독성으로 나눈 값입니다 (즉, 치료지수 = 효능/독성). 내적치유 기도 능력에 해당하는 효능 값을 공식에 적용하면, 기도에 대한 응답으로 얻어지는 치유능력에는 독성이 전혀 없기 때문에 그 치료지수는 무한대에 달합니다 (치료지수 = 효능/0 → ∞). 이와 같이 내적치유 기도는 초강력한 힘을 지녔습니다. 나아가 고난과 십자가의 상처를 아직도 지니고 계신 예수님과, 예수님의 고난을 함께 하시고 당신의 마음 안에서 아들과 함께 돌아가신 마리아님은, 당신 두 분의 부드러운 손길로 치유된 자리를 더욱 강하게 만들어주실 것입니다.

훼리시 – 루니 두 분이 개발한 이 치료제의 포장에 역자가 어떤 고상한 수사나 기발한 표현으로 광고문을 만들어 그 중요성과 가치를 강조한다고 해도 별 의미가 없습니다. 그러나 여러분이 이 책을 따라 기도 드리고 난 후 광고문을 직접 작성한다면 그 광고문이야말로 각자의 고유한 치유와 그 의미를 포함하는 훌륭한 광고문이 될 것입니다. 하느님에게 가장 소중한 보물인 여러분 각자의 치유는, 각자에 대한 임상실험 결과의 '유일한' 자료이자 성령님께서 베풀어주시는 은사의 '풍성함'과 '다양함'을 증거하는 자료로서의 가치를 지녔기 때문입니다.

독자에게 드리는 말

이 책 안에 모든 정보가 다 들어있습니다. 무조건 읽어내려 가십시오. 도대체 어떤 성분으로 만들어졌을까, 이 경우에도 과연 효과가 있을까, 어떤 효과가 뛰어나고 왜 뛰어날까, 이 모든 궁금증에 대해서는 조용히 읽어내려 가다 보면 여러분 스스로가 느낄 수 있고 여러분 스스로 모든 답을 발견할 수 있을 것입니다.

평소 이 책을 읽을 때, 한꺼번에 다 읽는 다거나 급히 읽어내려 가기보다, 구절 구절에 담긴 뜻을 조용히 음미하면서 즐기십시오. 내부로부터 조용히 스며 나오는 에너지는 축적해두십시오. 반면 기쁘거나 슬프거나 울화가 치미는 등의 격한 감정이나 심지어는 스스로 목숨을 끊고 싶을 정도로 극한 상황에 치달아 당장에 어떤 도움이라도 필요하다고 느낄 때는, 무조건 이 책을 펼쳐 드십시오. 평소 좋아하는 구절이나 현재 자신이 처한 상황에 맞는 주제를 찾아 펼쳐 들고 무조건 읽어내려 가십시오. 몇 분 동안 읽어내려 가노라면 마음의 평온을 찾게 되고, 기뻤던 마음은 더욱 차분한 기쁨으로 되어 어떠한 긍정적인 에너지로 변화될 것입니다. 어느 순간 무언가 가슴에 와 닫는 것을 느낄 때는, 잠시 거기에 머무르십시오. 이 순간이 바로 현재 겪고있는 고통이나 과거기억의 치유 또는 중대한 결정 등을 할 수 있는 '기회의 순간'인 것입니다. 단체 피정이나 기도회 등에서 치유사목을 담당하는 안내자가 있을 경우 그들의 안내를 따라 하겠지만, 개인기도의 경우 영성 식별에 관한 책을 참고하는 것도 훌륭한 길잡이가 될 수 있을 것입니다(예: 「관상과 식별」 심종혁 역, 제5장의 각주 참조).

여러분 한 개인의 내적치유는 가정과 이웃의 치유로 이어지고, 이는 다시 교회와 사회의 치유로, 이는 다시 국가와 전세계의 치유로 확산되는, 바로 영적 윤활유와 접착제 역할을 할 것입니다. 핵의 위력이 엄청난 것은,

한 개의 입자 내에서 핵의 융합이나 분열이 일어나고 이 반응이 주변의 입자들과 연쇄반응을 일으켜 이로 인해 발생하는 에너지가 순식간에 확산되기 때문입니다. 마찬가지 원리입니다. 한 개인의 내적치유는 그 위력이 한 개인에 국한되는 것이 아니고 인류 전체의 구원과 직결되는, 즉 부활하신 예수님에 의해 중재 되고있는 우주 만물은 그분 안에서 그분의 창조·구원 계획에 동참하고 있기 때문에, 개인의 치유는 세상 전체의 구원과 직결됩니다.

예수님에게 우리들 각자는 들판에 숨겨진 값진 보물과도 같아서 "...그분의 귀한 피로 얻은 것입니다"(1베드로 1:19). 예수님은 전 인류를 위해서 돌아가셨을 뿐만 아니라, 우리들 각자가 그분을 제외한 이 세상에 살았던 유일한 인간으로 생각하시고 바로 우리 각자를 위해 돌아가셨습니다. 부활의 영광을 입으신 예수님은 지금 이 순간에도 우리들 각자를 위하여, 각자의 이름을 친히 부르시며, 필요하다면 언제라도 다시 그렇게 하실 준비가 되어있다고 말씀하십니다. 우리는 그분을 향해서 울부짖으며, 어린 아이와 같이 겸손 된 자세로 그분에게 다가가서 청하기만 하면 됩니다. 그분으로 통하는 문의 손잡이는 여러분쪽으로 달려 있습니다. 우리는 각자의 미래가 어떻게 될지 알 수 없습니다. 그러나 우리가 미래에 대한 희망을 가질 수 있는 이유는, 그 미래를 주관 하시는 분－하느님께서 우리들 각자에게 일생을 통하여 궁극적으로 성공적인 결과를 약속해 주셨음을 알게 해주시고, 당신 안에 있는 평화로 우리 각자를 가득 채워 주심으로써 미래에 대한 나의 모든 두려움을 치유해주시는－그분이 바로 예수 그리스도이심을 알기 때문입니다 (본문 중에서).

마지막으로 독자에게 당부 드리고자 합니다. 훼리시 신부님과 루니 수녀님이 이 책을 통하여 하느님의 말씀을 쉽게 알아들을 수 있도록 우리에게 도움이 되어주었다면, 우리 각자는 더욱 쉬운 말로 이를 이웃과 나누고 전

파해야 할 소명을 가지고 있습니다. 이 책이 미치지 못할 불운한(less fortunate) 이웃들에게 (예를 들어, 책을 구입할 형편이 못 된다거나 글조차 읽을 수 없는 환자나 교육의 혜택을 받지 못한 이웃 등), 여러분 각자의 지혜를 동원하여 더욱 쉬운 언어와 건강한 마음으로 함께 나눌 때, 내적 치유 기도의 힘이 배가되고 이웃과 사회로 확산되는 힘이 더욱 위력을 발휘하게 될 것입니다. 끝으로 이 책의 풍성한 내용을 통하여 성령님의 은사를 볼 수 있고 느낄 수 있도록 도와주신 훼리시-루니 두 분 저자에게 모든 독자를 대표하여 다시 한번 감사드립니다.

역자

2007년 9월 순교자 성월

저자 및 역자 소개

1. 저자

루시 루니(Sr. Lucy Rooney, SNDdeN)

† 영국 태생, 나무르의 노틀담 여자수도회 영국관구 소속으로 현재 리버풀 거주

† 초등, 중등, 고등교육기관에서 교편, 현재 영국 직물예술조합 회원으로 활동

† 기도·영성 분야의 책 12권을 저술하여 여러 국가에서 번역 출판, 영국과 미국에서 피정지도 및 강연 활동

로버트 훼리시(Fr. Robert L. Faricy, S.J.)

† 1926년 미국 미네소타 주의 세인트 폴시에서 출생, 예수회 위스콘신 관구 소속으로 현재 로마 그레고리안 대학 교수

† 미국 해군사관학교 졸업 및 장교(엔지니어)로 복무

† 세인트루이스 대학 석사학위(교육학) 및 프랑스 리용의 신학대학 석사학위(영성신학), 미국 카톨릭대학 박사학위(영성신학) 및 동 대학 강의

† 사제 수품(1962)

† 바티칸의 그레고리안 대학 영성신학 교수(1981－), 성직자를 위한 대학원 과정의 영성신학, 기도, 그리스도인의 사회활동 등의 과목 강의

† 로마의 사회복지재단의 지도신부로 활동. 세계 여러 국가에서 성령쇄신운동 및 치유기도회 지도. 역자(박홍)와 예수회 한국관구의 초청으로 한국을 수 차례 방문하여 강연 및 성령쇄신기도회 지도

† 루시 수녀님과 훼리시 신부님의 공동저서:

The Contemplative Way of Prayer (1986)

Mary Queen of Peace: It's the Mother of God Appearing in Medjugorje? (1986)

Medjugorje Up Close: Mary Speaks to the World (1986)

Medjugorje Journal: Mary Speaks to the World (1988)

A Medjugorje Retreat (1989)

Knowing Jesus in the World: Prayer With Teilhard de Chardin (1997)

Lord Jesus, Teach Me to Pray: A Seven－Week Course in Personal Prayer (1997)

Your Wounds I Will Heal: Praying for Inner Healing (1999)

Praying With Mary: Contemplating Scripture at Her Side (2002)

Medjugorje Journal: Mary Speaks to the World (2002)

외 단독 저서 다수

2. 역자

박 홍(루가, 예수회 신부)

† 1941년 대구에서 출생, 예수회 한국관구 소속으로 현재 서울에 거주

† 가톨릭대학 철학부 수료 및 예수회 입회(1965), 대건신학대학(신학부) 졸업

† 사제 수품(1970)

† 미국 세인트루이스 대학 석사학위(영성신학)(1974)

† 바티칸 그레고리안 대학 박사학위(영성신학)(1979)

† 서강대학교 교수(1970 – 2003) 및 제 7, 8대 총장(1989 – 1997) 역임

† 서강대학교 학교법인 이사회 이사장 (2003 – 현재)

† 대외 사도직 및 활동: 한국가톨릭지성인협회 전국지도신부, 한국가톨릭대학생회 전국지도신부, 크리스찬사회활동협의체 초대이사장, 한국대학총학장협의회 회장 및 임원, 한국사립대학총학장협의회 회장 및 임원, 성청 사도좌 순시관(1997 – 2000), 평화통일자문위원회 종교분과위원장(현), 공동체의식개혁위원회 공동의장(현), 서울가톨릭교수회 지도신부(현), 상지회 지도신부(현), 한국영성신학회 공동회장(현), 한국천주교교육재단연합회 부회장(현)

† 저서 및 역서

『아름다움의 신학』(근간), 『레드 바이러스』(1997), 『예수회교육의 특성과 이냐시오 교육의 실천방안』(1991; 2001 증보판), 『영적성장과 내적치유』(1991), 『순례자 이야기』(1991)

박삼근

† 1950 경주 출생

† 경북대학교 지질학과 학사학위(지질학)

† 미국 세인트루이스 대학 지구대기과학과 석사학위(지구물리학)

† 미국 뉴욕주립대학(Binghamton) 지질환경과학과 박사학위(지진학)

† 세인트루이스 대학 연구조교, 뉴욕주립대학 연구 및 강의 조교, 대한중석 탐사부, 한일합섬부설 한효과학기술원, 기상청 예보국 지진과

† 연구논문: 한국지진공학회, 미국지진학회, 미국지구물리학회 학술지에 지진분야 연구논문 게재 및 발표 (5편)

새 번역 성경에 기초한

인간의 상처를 치유하시고 구원하시는 하느님

초판 발행 | 2008년 1월 21일
2쇄 발행 | 2012년 3월 10일

저　자 | 로버트 훼리시·루시 루니

옮긴이 | 박 홍·박삼근

발행인 | 이종욱

편집인 | 우찬제

발행처 | 서강대학교 출판부

서울시 마포구 신수동 1번지

등록 | 1978년 9월 28일(제313 – 2002 – 170호)

전화 | (02)705-8212　팩스 | (02)705-8612

홈페이지 | www.sogang.ac.kr/~sgpress

디자인 디렉션 | Project 409

정가 12,000원

ISBN 978 – 89 – 7273 – 126 – 9　93230